Pe. Reginaldo Manzotti

FERIDAS DA ALMA

2ª edição

A luz e a sabedoria de Deus para a superação de nossas dores e limites

Editora Nova Fronteira Participações S.A.
Rua Nova Jerusalém, 345 - Bonsucesso - 21042-235
Rio de Janeiro - RJ - Brasil
Tel.: (21) 3882-8200 - Fax: (21) 3882-8212/8313

Imagem das páginas 2 e 3: Marilyn Barbone/
Shutterstock

CIP-Brasil. Catalogação na fonte.
Sindicato Nacional dos Editores de Livros, RJ.

M253f
2.e.d.
Manzotti, Reginaldo, 1969-
Feridas da alma: a luz e a sabedoria de Deus para a superação de nossas dores e limites / Reginaldo Manzotti. — 2.ed. — Rio de Janeiro: Agir, 2013.
ISBN 978-85-220-1457-6

1. Vida espiritual — Igreja católica. 2. Paz interior. 3. Técnicas de autoajuda. I. Título.

CDD: 232.91
CDU: 232.931

SUMÁRIO

APRESENTAÇÃO

"Evangelizar", lema de todo o trabalho do padre Manzotti, foi sempre o grande imperativo da Igreja. Esse imperativo ressoa com força particular no momento atual.

Por isso mesmo, Bento XVI convocou um sínodo de bispos para outubro de 2012, a fim de tratar justamente da "nova evangelização". Esse encontro de pastores buscará novos caminhos para a evangelização do mundo contemporâneo, tão necessitado da palavra curadora e salvadora do Evangelho.

Além da convocação do sínodo, o Papa proclamou o "ano da fé", com início em 11 de outubro de 2012, data dos cinquenta anos da abertura do Vaticano II e também dos vinte anos da promulgação do Catecismo da Igreja Católica, e término em 24 de novembro de 2013, na solenidade de Cristo, Rei do Universo. O objetivo é reavivar a fé de cada cristão católico, assim como assimilar a doutrina do Catecismo, de modo que cada evangelizado possa então evangelizar com eficácia. Pois só quem brilha ilumina; só quem arde aquece.

Por que o imperativo de evangelizar se tornou tão forte hoje? Porque a cultura moderna, em grande parte, é fechada a Deus; e, com seus valores puramente terrestres, seduziu muitos, inclusive cristãos, para uma vida sem o horizonte da fé. Mas como o ser humano tem um coração "programado para Deus", com o tempo começou a sentir saudade d'Ele.

É, de fato, o que se observa hoje em todo o mundo com o fenômeno da "volta da religião". Estamos, pois, diante de um *kairós*, ou seja, uma ocasião oportuna para evangelizar. Esse é um tempo especialmente propício para despertar a própria fé através da oração e da escuta/leitura da Palavra, para depois despertar a fé nos outros através da evangelização. Isso significa para o cristão voltar a ser "discípulo" e "missionário", como ensina o Documento de Aparecida.

É preciso, portanto, aproveitar esta chance. Senão, ouviremos a queixa que São Gregório Magno lançava "com grande tristeza", como confessa: "Eis que o mundo está cheio de sacerdotes. Todavia, na messe de Deus, é muito raro encontrar-se um operário que pregue o Evangelho" (Homilia 17,3).

Faz, portanto, muito bem o padre Manzotti dedicar-se totalmente à missão de "evangelizar". E ele o faz, como ele mesmo o diz, apoiando-se principalmente nestes três livros essenciais: primeiro, a Bíblia; segundo, o Catecismo da Igreja Católica; e, enfim, os Documentos do Vaticano II. É a escolha certa, pois, no meio da confusão mental, hoje reinante e que penetra mesmo na Igreja e na teologia, esses três livros (que são, na verdade, uma biblioteca) oferecem uma orientação solidíssima para qualquer pastoral.

Evangelizar é a fonte de toda a pastoral da Igreja. Mas que é evangelizar senão anunciar Cristo salvador, sentido de nossa vida? Como insiste o Papa atual e também o Documento de Aparecida, evangelizar é levar a pessoa a realizar um encontro vivo com Cristo vivo, um encontro decisivo, transformador de toda a vida. Sem esse encontro pessoal com a pessoa de Cristo, nada funciona na Igreja, nem a catequese, nem a liturgia, nem qualquer pastoral. A fé é, de fato, a "porta" de tudo na Igreja. É por isso que o Papa deu à carta apostólica, em que proclama o "ano da fé", o título de "A porta da fé".

Ora, uma vez despertada, a fé se nutre desse contato íntimo com o Pai na oração, uma oração humilde, confiante e perseverante. A fé chama a oração, e a oração chama a fé. Assim, você tem tanta fé quanto tem de oração. Quem ora muito tem muita fé; quem ora pouco tem pouca fé. E o inverso: quanto mais você crê, mais ora. Você tanto mais ora quanto mais crê.

Evangelizar é justamente despertar a fé e, com ela, a oração. E com a fé e a oração desce a graça e vem a salvação. O grande pregador popular que foi Santo Afonso de Ligório ensinava de modo simples e claro: "Quem reza se salva; quem não reza se condena."

Agora, com fé e oração não quer dizer que tudo está resolvido. O principal, sim, mas não tudo. Pois, como a Igreja sempre ensinou, "a graça supõe a natureza". Ou seja, o sobrenatural não dispensa o natural, antes se apoia nele.

Daí este novo livro do padre Manzotti. Ele mostra que, para curar os problemas emocionais, as "feridas da alma", é preciso recorrer também aos meios naturais, como, por exemplo, a medicina e o apoio da família. Pois é Deus o autor das realidades naturais, no caso, o afeto familiar e a inteligência médica, assim como a virtude dos medicamentos. Tudo isso deve ser usado em nosso proveito e com ação de graças.

Desprezar as forças naturais e ficar só rezando não é conforme a vontade do Criador. Isso é claro para as doenças físicas, mas ainda não é tão claro assim para as doenças emocionais. Muitos acham que podem superá-las na base da fé pura e só com reza. Isso pode acontecer, como por milagre, mas essa é uma saída sempre excepcional.

Em geral, Deus não age assim, mas através dos meios naturais. É Seu jeito normal de agir no mundo (ficando sempre salva a Sua liberdade de fazer um milagre, coisa, porém, que só se pode pedir com grande humildade, deixando, no fim, que se faça a Sua santíssima vontade, que é sempre o melhor para nós).

Reconhecida a necessidade de usar os meios naturais, deve-se, contudo, acrescentar que eles não são suficientes. Precisa sempre acrescentar a fé e a oração, que têm um valor grandíssimo em relação às doenças psíquicas ou emocionais. As "feridas da alma" se curam e cicatrizam mais depressa com esses meios sobrenaturais. Isso, de resto, foi comprovado até com provas científicas: quem crê se cura mais fácil e rapidamente do que quem não crê.

Agora, para as "doenças do espírito", que são os pecados, essas só podem ser curadas por Deus mesmo, em Seu amor misericordioso. Só Ele e mais ninguém pode nos perdoar totalmente, nos dar a graça do amor incondicional e nos conceder a salvação eterna. Essa é a experiência que faz o cristão, sobretudo através dos sacramentos da Igreja.

Tudo isso é bem-colocado pelo padre Manzotti com seus conhecidos dotes de comunicador. Que o Senhor possa servir-se abundantemente de seu ministério de evangelizador, a fim de visitar, consolar e salvar a muitos — para alegria dos aflitos, confusão do Diabo e para a glória de Deus!

Fr. Clodovis M. Boff, OSM

AGRADECIMENTOS

Agradeço a Deus por me confiar e me capacitar para uma missão tão grande e desafiadora que é a de falar diariamente com milhares e milhares de pessoas no Brasil e no mundo.

Nesta escola de escuta, orientação e oração diária com o povo de Deus, senti-me instigado a escrever este livro.

Agradeço a pessoas queridas, como Cleusa do Pilar, que, com tanto carinho e zelo, caminha comigo nesta jornada de evangelização, sendo muitas vezes minha memória e voz pastoral, e também Fernanda Andrade, com quem posso dividir meus questionamentos e, com seu apoio, buscar respostas.

Agradeço ao grande teólogo e professor frei Clodovis Boff, por mais uma vez se dar ao trabalho de ler e fazer suas observações, sempre relevantes e significativas. O fato de saber que este livro foi lido no "prelo" e aceito por tão renomado e respeitado sacerdote e teólogo traz paz ao meu coração, pois sinto-me "mais Igreja".

Agradeço aos profissionais Alexandre J. Tormena e Mariana Sieiro por partilharem comigo seus conhecimentos e me orientarem na primeira parte do livro.

Agradeço a todos os que confiam e partilham suas experiências comigo. Vocês me ensinam a viver e a buscar sempre mais em Deus.

INTRODUÇÃO

Ao pensar nesta obra, desejei chamar a atenção para os problemas emocionais, psíquicos, espirituais e sociais do mundo moderno que flagelam o ser humano, causando profundas feridas invisíveis aos olhos, porém sentidas com grande intensidade em nosso interior.

Os especialistas se referem a elas por meio de nomes técnicos, mas aqui neste livro eu as defino como "feridas da alma". Como já mencionei, são reais, machucam, causam muita dor emocional e física. Sua gravidade é tamanha que precisam ser curadas, mas como? Com que remédios? Infelizmente, aquilo que nos pode salvar completamente ainda não está disponível nas prateleiras das drogarias ou farmácias.

Trata-se de um processo lento e gradual, que neste livro divido em três partes: diagnóstico, superação e cura. Por ser padre, muitos podem considerar ousado o uso da expressão "diagnóstico", própria daqueles que atuam na medicina e em outras áreas científicas; contudo, conforme deixarei claro no decorrer do texto, um sacerdote é, essencialmente, a exemplo de Jesus Cristo, "um cura de almas" — no catolicismo, o termo "cura" também é utilizado para designar a figura do sacerdote ou pároco.

Nesse sentido, faz-se necessário pontuar alguns aspectos preliminares importantes para que o leitor entenda o contexto em que este livro foi concebido e se familiarize com sua proposta.

Antes de mais nada, faço questão de deixar evidente a importância que atribuo ao tratamento clínico. E para eliminar qualquer dúvida quanto a isso, cito o esclarecedor ensinamento do Livro do Eclesiástico:

> "Rende ao médico as honras que lhe são devidas, por causa de seus serviços, porque o Senhor o criou. Pois é do Altíssimo que vem a cura, como um presente que se recebe do rei. A ciência do médico o faz trazer a fronte erguida, ele é admirado pelos grandes. Da terra o Senhor criou os remédios, o homem sensato não os menospreza. As águas não foram adoçadas com um lenho para mostrar assim a sua virtude? Ele é quem deu a ciência aos homens, a fim de que se gloriem com suas obras poderosas. Por eles, Ele curou e aliviou, o farmacêutico fez com eles misturas. E assim Suas obras não têm fim, e por Ele a saúde se difunde sobre a terra. Filho, não te revoltes na tua doença, mas reza ao Senhor e Ele te curará. Evita as faltas, conserva as mãos puras, purifica o coração de todo pecado. Oferece incenso e um memorial de flor de farinha, faze ricas oferendas conforme tuas posses. Depois dá lugar ao médico, porque o Senhor também o criou, não o afastes de ti, porque dele tens necessidade. Há ocasião em que a saúde está entre suas mãos. Pois eles também rezam ao Senhor, para que lhes conceda o favor de um alívio e a cura para salvar-te a vida" (Eclo 38,1-14).

Certamente, como toda ciência, a medicina tem avançado e oferece tratamentos para cada caso, porém os próprios médicos são os primeiros a reconhecer que cuidar da parte física de forma isolada, sem suporte emocional e espiritual, produz efeitos limitados. E é exatamente nessa "brecha" que esta obra se insere.

Como já afirmei, o sacerdote atua como um "cura", justamente porque a dimensão espiritual é um dos pontos-chave a serem trabalhados na luta contra os males que afligem a alma. Uma vez diagnosticado o problema, é preciso trilhar os caminhos da superação até atingir a cura, a qual vem da presença de Deus. É Ele que nos impulsiona em meio às tribulações, dando-nos força para enfrentar a vida, as enfermidades, o desemprego, a disparidade social etc. A presença de Deus é o "fermento do bem" que nos confere esperança, confiança e perseverança.

Colocar essa porção do divino em nós, algo que podemos traduzir com a palavra "fé", faz com que nunca deixemos de enxergar a luz no fim do túnel, por mais escura, nebulosa, incompreensível e frustrante que seja a situação na qual nos encontramos. Quando nos fechamos em nós mesmos, corremos o risco da autodestruição; a partir do momento em que tomamos a decisão de nos abrirmos e nos entregarmos ao amor de Deus, começamos a ser restaurados.

Isso significa que a resposta a um dos maiores enigmas pessoais e existenciais que atormentam a maior parte da humanidade — O que podemos fazer por nós mesmos? — pode ser mais simples do que imaginamos. Diante de um diagnóstico, temos de nos ajudar, por mais esforços que isso nos custe.

Mas, para isso, é preciso abertura de nossa parte, porque Deus respeita nossa liberdade e não pode agir se não permitirmos. Quando trazemos Deus para perto de nós, é como se fôssemos curados de um estado de cegueira — a exemplo do cego Bartimeu, agraciado com um milagre de Jesus e cujo exemplo é citado nesta obra — e passássemos a enxergar outras opções além daquelas que temos no momento. Em Deus, novas perspectivas de vida nos são dadas.

Nosso Senhor nos ensina a não nos conformarmos com o que somos e a buscarmos aquilo em que podemos ser transformados.

Ao termos essa consciência, nós mesmos rejeitaremos aquela velha conduta tomada diante dos desafios apresentados pela vida e questionaremos: "Como posso desesperar-me e achar que vai ser sempre assim?", "Como posso ficar conformado com as frustrações, tempestades, nebulosidades e decepções do momento presente?".

Fomos salvos em Cristo. Na esperança, esperamos o que não vemos, e aguardamos mediante a perseverança (cf. Rm 8,24-25).

A cura que queremos não é inatingível, mas exige um tempo para sua consumação, pois a cicatrização precisa vir de dentro para fora. Somente assim ela será completa.

A ação de Deus em nossa vida é como o fermento colocado na massa ou uma semente jogada na terra: cresce e germina a seu tempo. Assim também ocorre quando se trata de alcançar a maturidade espiritual: devemos dar tempo para Ele agir, com nossa espera confiante, perseverante e orante.

Assim como as feridas que não enxergamos, mas sentimos, a presença de Deus também não pode ser vista, mas não tenha dúvida de que Ele age curando, libertando, restaurando e renovando. Ele é o Deus do impossível!

PARTE 1

Diagnóstico

Nenhuma doença, seja ela física ou psíquica, aparece de um momento para outro. Alguns sintomas começam a sinalizar que algo não vai bem e, como tal, não podem ser ignorados ou negligenciados. Ignorar um problema não o diminui ou resolve; pelo contrário, acaba acarretando outros ainda mais sérios. Daí a importância de buscar ajuda especializada.

No caso específico da depressão, ninguém vai dormir bem e acorda depressivo. A doença instala-se aos poucos e, à medida que isso ocorre, os sintomas vão aparecendo. O diagnóstico precoce ajuda a detectar a fase em que a doença se encontra, e o tratamento poderá evitar a piora do estado e a evolução para uma depressão severa.

O desconhecimento, a negação e a resistência são alguns dos fatores que atrapalham esse primeiro passo para a busca dos recursos adequados.

Perceber que está com problemas — e aceitar isso não como algo definitivo e irreparável, mas como um fato do momento, que precisa ser tratado — coloca a pessoa em uma posição vantajosa e com muito mais chances de ajudar a si mesma.

Por isso, propus-me, nesta primeira parte do livro, a elencar de forma clara e objetiva o que envolve essa e outras doenças que causam feridas na alma, contando com a colaboração e orientação dos profissionais Alexandre J. Tormena, psicólogo (CRP-PR 08/12083), e Mariana Sieiro, enfermeira pós-graduada em saúde mental, psicopatologia e psicanálise, pela Pontifícia Universidade Católica do Paraná (COREN-PR 204864).

Capítulo 1
Doenças ocultas, tão antigas quanto atuais

"Elas vêm desde muito antes de Jesus Cristo; apenas não eram conhecidas com os nomes atuais."

Tenho recebido, com muita frequência, partilhas dolorosas de pessoas que estão convivendo com a triste realidade das doenças conhecidas como transtornos do humor. Procurando conhecer mais, pesquisei sobre o assunto e descobri que essas doenças, especialmente a depressão, não são "novas", ou seja, surgidas na atualidade. Elas vêm desde muito antes de Jesus Cristo; apenas não eram conhecidas com os nomes atuais.

A esse respeito, existem diversos relatos na própria Bíblia, em que alguns personagens, muito conhecidos por nós, apresentaram episódios depressivos, como é o caso de Moisés, que murmura a Deus e pede a morte: "Eu sozinho não posso suportar todo esse povo; ele é pesado demais para mim. Em lugar de tratar-me assim, rogo-vos que antes me façais morrer, se achei agrado a Vossos olhos, a fim de que eu não veja a minha infelicidade!" (Nm 11,14-15).

Elias, que veremos mais detalhadamente à frente, teve vários sintomas depressivos, conforme afirma o texto: "Fez pelo deserto a caminhada de um dia e foi sentar-se debaixo de um junípero. Pediu a morte, dizendo: 'Agora basta, Iahweh! Retira-me a vida, pois não sou melhor que meus pais.'" (1Rs 19,4).

Davi, pela culpa de seu pecado, também viveu uma profunda depressão, como atesta o Salmo 37 (38), especialmente no versículo 7 — "Ando triste, abatido, encurvado, todo o dia afogado em tristeza" — e no versículo 11 — "Bate rápido o meu coração, minhas forças estão me deixando, e sem luz os meus olhos se apagam".

Jeremias, que eu considero o pai da depressão e é conhecido como "o profeta chorão", assim se manifestou:

> "Maldito o dia em que eu nasci! O dia em que minha mãe me gerou não seja abençoado! Maldito o homem que deu a meu pai a boa-nova: 'Nasceu-te um filho homem!', e lhe causou uma grande alegria. Que este homem seja como as cidades que Iahweh destruiu sem compaixão; que ele ouça o clamor pela manhã e o grito de guerra ao meio-dia, porque ele não me matou desde o seio materno, para que minha mãe fosse para mim o meu sepulcro e suas entranhas estivessem grávidas para sempre" (Jr 20,14-17).

Também atribui-se a ele o Livro das Lamentações, onde expressa toda a tristeza pela queda de Jerusalém.

Jonas é outro que pediu a morte: "Agora, Senhor, toma a minha alma, porque me é melhor a morte que a vida" (Jn 4,3).

Saul (cerca de 1079-1007 a.C.), o primeiro rei de Israel, por exemplo, em razão do quadro depressivo, marcado pelas alterações de humor com uma intensidade fora do normal, poderia ser diagnosticado como portador do transtorno afetivo bipolar. Era acometido de surtos de fúria, e Davi tocava harpa para que se tranquilizasse, como revela o texto:

> "O Espírito do Senhor retirou-se de Saul, e um espírito mau veio sobre ele, enviado pelo Senhor. Os homens de Saul disseram-lhe: Eis que um mau espírito de Deus veio sobre ti. E sempre que o espírito mau de Deus acometia o rei, Davi tomava a harpa e tocava. Saul acalmava-se, sentia-se aliviado e o espírito mau o deixava" (1Sm 16,14-15.23).

Hipócrates (460-380 a.C.), médico grego considerado pai da medicina, usou termos como "mania" e "melancolia" para relatar casos de distúrbios mentais. Também já conhecia e definia a depressão, que descreveu como "uma afecção sem febre, na qual o espírito triste permanece sem razão fixado em uma mesma ideia, constantemente abatido".

De fato, ele foi o primeiro a fazer relatos sobre a depressão e criou a teoria dos quatro humores corporais — sangue, fleuma, bílis amarela e bílis negra —, segundo a qual a saúde e a doença derivavam respectivamente dos estados de equilíbrio ou desequilíbrio. O médico acreditava que a influência de Saturno levava o baço a secretar mais o líquido escurecido, a bílis negra, alterando o humor da pessoa e levando-a à melancolia. Vale lembrar que a palavra "melancolia" vem de *melancolis* (*melanos*, negro, e *colis*, bílis).

A produção excessiva da bílis negra era associada por Hipócrates ao outono, e seus sintomas incluíam depressão moral, ansiedade, tristeza, tendência ao suicídio, aversão a comida, irritação, inquietude, desânimo e insônia, acompanhados de medo prolongado. A mesma teoria seria aprofundada mais tarde pelo médico e filósofo romano de origem grega Cláudio Galeno (131-201), que descreveu quatro tipos de temperamento: melancólico, colérico, fleumático e sanguíneo. Ele acreditava na existência de uma alma — psique — localizada no cérebro e sujeita ao governo de um ego, cuja influência no corpo era tão poderosa quanto a de Deus no mundo.

Outros pensadores importantes, como os filósofos gregos Platão e Aristóteles, além do político e filósofo romano Cícero, trouxeram, em suas obras, contribuições significativas para a compreensão das doenças mentais e da psicologia humana de forma geral. Aristóteles, em especial, afirmou que os melancólicos têm "mais espírito" que os outros.

São João Crisóstomo (350-407), por sua vez, fez uma das mais precisas descrições desse mal, citando seus sintomas:

> "A tristeza, na realidade, é para as almas um local horrível de tortura, uma espécie de dor inexplicável, castigo mais amargo do que todos os tormentos e penalidades. Assemelha-se a um verme venenoso que corrói não somente a carne como a própria alma, e não só tritura os ossos, mas também a mente; um carrasco perpétuo que não rasga as costas, e sim arruína o vigor espiritual; uma noite contínua e trevas sem luar; é tempestade, agitação, fogo secreto mais ardente que qualquer chama, guerra sem tréguas, doença que sombreia a maioria das coisas visíveis. O sol, porém, e a limpidez da atmosfera para os assim maldispostos parecem importunação, e o pleno meio-dia compara-se à noite profunda."

Santo Agostinho (354-430) declarou que o que separava os homens dos animais era o dom da razão. Portanto, a perda da razão era um desfavor de Deus, a punição para uma alma pecadora. Já a melancolia constituía-se em uma doença especialmente nociva, pois o desespero do melancólico sugeria que ele não se alegrava nem mesmo diante do conhecimento certo do amor e da misericórdia divinos. Portanto, a melancolia era considerada um afastamento de tudo o que era sagrado.

No século V, João Cassiano, monge conhecido como um dos Padres do Deserto, descreveu a depressão, que chamava de acedia, como um "desgaste ou perturbação do coração especialmente frequente em solitários", como era o caso dos eremitas que viviam no deserto, nas proximidades de Alexandria. Ele associava a acedia à tristeza e ao desespero, ressaltando, contudo, que não se tratava de uma doença, mas sim de pecado. Denominou-a como "o demônio do meio-dia", numa alusão ao Salmo 90, porque, conforme explicou, outros pecados podem afligir as pessoas durante a noite, mas esse em questão ataca-as dia e noite.

Nesse período, Santo Tomás de Aquino (1227-1274), cuja teoria sobre corpo e alma colocava esta hierarquicamente acima do corpo, concluía que, justamente por essa razão, ela não poderia estar sujeita às doenças corporais, embora sofresse sua influência. Na Suma Teológica, I-II, q. 38, no artigo 5, ao analisar a acedia ou melancolia profunda, aborda a questão da depressão e afirma: "A alma, por estar deprimida e por se achar incapaz de atender livremente às coisas exteriores, retira-se para si mesma, fechando-se." Contra todo "espiritualismo", Santo Tomás conclui: "É evidente que o homem não é só a alma, mas um composto de alma e de corpo" (Suma Teológica, I, q. 75, a. 4).

Outras personalidades da filosofia, da medicina, da psiquiatria e da psicanálise apresentaram estudos e obras sobre doenças mentais ao longo da história, mas a citação dos mais antigos foi escolhida para mostrar que elas sempre existiram. Por essa razão, podemos afirmar que se trata de doenças antigas e atuais ao mesmo tempo, ressaltando-se que hoje a depressão é tão difundida que se tornou fenômeno social.

Vale lembrar que o Livro dos Salmos traz uma coletânea de hinos e orações que o povo de Deus fazia e rezava no seu período de formação e busca da vivência em Deus. De todos, a propósito do tema deste capítulo, deixo como sugestão para rezar o Salmo 37 (38), já citado, que retrata muito bem o estado de um ser angustiado e profundamente abatido que clama e apresenta a Deus seu estado de prostração.

Salmo 37 (38)*

2. Repreendei-me, Senhor, mas sem ira; corrigi-me, mas não com furor!
3. Vossas flechas em mim penetraram; Vossa mão se abateu sobre mim. Nada resta de são no meu corpo, pois com muito rigor me tratastes!
4. Não há parte sadia em meus ossos, pois pequei contra Vós, ó Senhor!
5. Meus pecados me afogam e esmagam, como um fardo pesado me oprimem.
6. Cheiram mal e supuram minhas chagas por motivo de minhas loucuras.
7. *Ando triste, abatido, encurvado, todo o dia afogado em tristeza.*
8. *As entranhas me ardem de febre, já não há parte sã no meu corpo.*

---

* Os grifos são do autor.

9. *Meu coração grita e geme de dor, esmagado e humilhado demais.*
10. *Conheceis meu desejo, Senhor, meus gemidos vos são manifestos;*
11. *bate rápido o meu coração, minhas forças estão me deixando, e sem luz os meus olhos se apagam.*
12. Companheiros e amigos se afastam, fogem longe das minhas feridas; meus parentes mantêm-se à distância.
13. Armam laços os meus inimigos que procuram tirar minha vida; os que buscam matar-me ameaçam e maquinam traições todo o dia.
14. Eu me faço de surdo e não ouço, eu me faço de mudo e não falo;
15. semelhante a alguém que não ouve e não tem a resposta em sua boca.
16. Mas, em Vós, ó Senhor, eu confio, e ouvireis meu lamento, ó meu Deus!
17. Pois rezei: "Que não zombem de mim, nem se riam, se os pés me vacilam!"
18. Ó Senhor, estou quase caindo, minha dor não me larga um momento!
19. Sim, confesso, Senhor, minha culpa: meu pecado me aflige e atormenta.
20. São bem fortes os meus adversários que me vêm atacar sem razão; quantos há que sem causa me odeiam!
21. Eles pagam o bem com o mal; porque busco o bem, me perseguem.
22. Não deixeis Vosso servo sozinho, ó meu Deus, ficai perto de mim!
23. Vinde logo trazer-me socorro, porque sois para mim salvação!

Glória ao Pai, ao Filho e ao Espírito Santo, como era no princípio, agora e sempre. Amém.

Capítulo 2
Estar **doente não é** *ser* **doente**

"É hora de deixarmos ecoar dentro de nós o apelo de Jesus."

Ter uma doença, mas não se considerar uma pessoa doente, faz a grande diferença.

Deus não criou as doenças; elas fazem parte da condição humana. Por outro lado, Ele nos enviou Seu Filho, Jesus, que levou embora todas as nossas dores. Em sua primeira carta, o apóstolo Pedro afirma: "Carregou os nossos pecados em Seu corpo sobre o madeiro para que, mortos aos nossos pecados, vivamos para a justiça. Por fim, por Suas chagas fomos curados" (1Pd 2,24).

Jesus arrebanhava milhões de pessoas, não só pelos milagres, mas também por aquilo que anunciava. Ele trouxe algo literalmente novo, pois a palavra "Evangelho" vem do grego *euangelion,* que significa "boa notícia" ou "boa-nova".

Jó pode ser citado como exemplo de alguém que passou pela tristeza, chegando ao ponto de questionar: "O que é a vida do homem?" Ele próprio concluiu que a vida do ser humano é tribulação (cf. Jó 7).

E quantos de nós já não fizemos essa constatação?

Não são poucos a pensar que viver é ter de trabalhar como um condenado, pagar as contas, cuidar dos filhos, enfrentar toda sorte de desafios e doenças. Então, se a vida é sofrimentos, para que viver?

Na verdade, esse questionamento não configura necessariamente um estado de depressão, mas antes uma reflexão existencial, com perguntas como: "Por que vim para este mundo?", "O que esperar?" e outras dúvidas do gênero.

O pessimismo de Jó o fez acreditar que a resposta estava relacionada à tristeza, ao sofrimento e à angústia, mas a verdadeira solução para o enigma está no versículo 3 do Salmo 146 (147): "[O Senhor] cura os corações despedaçados e cuida dos seus ferimentos."

Às vezes nos sentimos desolados, mas isso não é depressão, e sim uma contingência humana, sendo, portanto, circunstancial. O ser humano que não reflete sobre a sua vida é igual a uma pessoa alucinada. Assim, é saudável perguntar a si mesmo de vez em quando: "O que estou fazendo com a minha vida?", "Como tenho agido em relação aos outros?".

Jesus veio para proclamar uma boa-nova, o que em certo sentido remete à ideia de "motivação", a qual, não por acaso, tem sido tema de inúmeras palestras contratadas por empresas a fim de estimular a sensação de bem-estar em seus colaboradores. Na minha visão, a fé é o principal combustível motivador do ser humano.

Especificamente em relação à cura de doenças, há muito a explicar. Quando, conforme relata o Evangelho de São Marcos, Jesus entra na casa de Pedro, ninguém pediu nada a Ele. Somente disseram "A sogra de Pedro está doente" e Jesus vai até ela e a cura da febre. Após levantar-se, a mulher põe-se a servi-los.

Nesse caso, como em muitos outros, é preciso entender que não se trata da cura pela cura. Certamente acredito em milagres, assim como respeito as religiões sérias, mas não sou entusiasta dessa "onda de milagres" que está em voga, com paralíticos deixando a cadeira de rodas e voltando a andar. Em geral, isso não passa de charlatanismo, armação, o que configura grave insulto a Jesus Cristo e um abuso do poder de Deus, porque não é verdade.

Mas, então, como entender que algumas pessoas alcancem a cura e outras não?

O exemplo de Jesus Cristo é a chave para solucionar a dúvida. Ele próprio, Filho de Deus, morreu na Cruz. Portanto, Sua promessa não é curar tudo nem todas as doenças. Quem afirma isso está mentindo. A promessa real é: "[O Senhor] cura os corações despedaçados e cuida dos seus ferimentos" (Sl 146 (147),3). Ou seja, aconteça o que acontecer, o Senhor estará no leito de dor dos que sofrem, velando por eles. Essa é a maior verdade.

Faço questão de ressaltar que não estou negando as curas e graças alcançadas por intermédio de Jesus, mas elas não ocorrem da maneira como queremos. O Catecismo da Igreja Católica afirma que "mesmo as orações mais intensas não conseguem obter a cura de todas as doenças". Por isso, São Paulo deve aprender do Senhor que "basta-te a Minha graça, pois é na fraqueza que Minha força manifesta todo o seu poder" (2Cor 12,9), e que os sofrimentos que temos de suportar podem ter como sentido "completar na minha carne o que falta às tribulações de Cristo por Seu corpo, que é a Igreja" (Cl 1,24) (ClC 1508).

Jesus curou e expulsou demônios, portanto Sua presença afasta o mal, e quem está em Deus afugenta o Inimigo; mas isso não significa que não sofrerá tentações, as quais chegam até nós diariamente. Esse alerta vale para quem costuma fazer afirmações absolutas, do tipo: "Se eu estou em Deus, nada me atingirá." Trata-se de uma verdade, por óbvio, mas ainda assim seremos tentados, como Nosso Senhor foi. A boa notícia é que a vida em Jesus certamente garante mais força, convicção, motivação e fervor para dizer "não", ou, para ser mais específico: "Não sou doente, apenas estou doente."

Exatamente nesse ponto está o principal benefício da presença de Deus em nós. Ela cura e liberta. E essa cura vai muito além da parte física, abrangendo também, e sobretudo, o plano emocional e o espiritual. O Senhor vem em nossa vida para livrar-nos do mal e repelir o Inimigo. Jesus veio proclamar a Palavra, a qual transforma, motiva, liberta e santifica.

Preste atenção à seguinte afirmação de São Paulo: "Se eu exercesse minha função de pregador por iniciativa própria, eu teria direito a salário. Mas, como a iniciativa não é minha, trata-se de um cargo que me foi confiado. Em que consiste então o meu salário?" (cf. 1Cor 9,17-18). No fundo, o apóstolo está dizendo que foi curado e libertado em Jesus, motivo pelo qual não consegue viver sem evangelizar, fazendo-se fraco com os fracos para ser forte em Cristo. Tudo faz por Cristo. Isso não é outra coisa senão um homem curado e libertado. Uma pessoa com fé, entusiasmada, motivada e comprometida com Jesus Cristo.

Jesus não quer cristãos desanimados, católicos de "meia-tigela", pessoas que só vão à igreja quando têm vontade e outras que se fazem de vítimas: "Coitado de mim!" Nosso Senhor quer pessoas curadas e libertadas, motivadas e fervorosas.

A Palavra de Deus transforma. Se, às vezes, questionamos como Jó fez — "Por que estamos aqui?" —, a própria Palavra nos dá uma resposta sobre como lidar com as frustrações, que corresponde exatamente à promessa feita: "[O Senhor] cura os corações despedaçados e cuida dos seus ferimentos" (Sl 146 (147),3).

No Evangelho de São Lucas, a passagem que relata a cura da mulher encurvada se encaixa perfeitamente naquilo que quero transmitir. Diz o texto:

> "Jesus estava ensinando numa sinagoga, em dia de sábado. Havia aí uma mulher que, fazia dezoito anos, estava com um espírito que a tornava doente. Era encurvada e incapaz de se endireitar. Vendo-a, Jesus chamou-a e lhe disse: 'Mulher, estás livre da tua doença.' Jesus pôs as mãos sobre ela, e imediatamente a mulher se endireitou e começou a louvar a Deus.
>
> O chefe da sinagoga ficou furioso, porque Jesus tinha feito uma cura em dia de sábado. E, tomando a palavra, começou a dizer à multidão: 'Existem seis dias para trabalhar. Vinde, então, nesses dias para serdes curados, não em dia de sábado.'
>
> O Senhor lhe respondeu: 'Hipócritas! Cada um de vós não solta do curral o boi ou o jumento para dar-lhe de beber, mesmo que seja dia de sábado? Esta filha de Abraão, que Satanás amarrou durante dezoito anos, não deveria ser libertada dessa prisão, em dia de sábado?'
>
> Essa resposta envergonhou todos os inimigos de Jesus. E a multidão inteira se alegrava com as maravilhas que Ele fazia" (cf. Lc 13,10-17).

Nesse episódio, Nosso Senhor mostrou que, da mesma forma que os interesses humanos levam as pessoas a cuidar dos animais, entre os quais cavalos, ovelhas, bois etc., assim também se caracteriza o interesse de Deus de curar, restaurar e dar vida às pessoas, permitindo que Jesus agisse num dia de sábado, visto que isso infringia, aos olhos dos fariseus, o preceito sabático do repouso absoluto. Mas o que me chamou a atenção nesse texto, em primeiro lugar, foi o fato de a mulher estar encurvada há dezoito anos. É muito tempo, quase uma vida.

Outro aspecto interessante é que Jesus toma a iniciativa e chama pela mulher. Isso se torna ainda mais surpreendente se levarmos em conta que Ele não ficava no espaço reservado às mulheres, pois, naquele tempo e ainda nos dias atuais, homens e mulheres ocupam locais separados nas sinagogas. Mesmo assim, Jesus observou-a, interpelou-a e declarou sua libertação da doença, indicando a existência de uma preocupação, um olhar diferenciado voltado para cada um de nós.

Esse texto foi escrito por São Lucas, que era médico e descreveu o problema de uma forma que me encanta, pois não afirmou que a mulher *era* doente, e sim que "*estava* com um espírito que a tornava doente". Ele usou o verbo no sentido correto, exatamente como sempre recomendo, ou seja, nunca diga "eu sou doente", mas "eu estou doente". Da mesma forma, sempre diga "estou depressivo, porém não sou uma pessoa depressiva". Ou seja, trata-se de um estado, uma situação passageira.

Na sequência, outra afirmação de Jesus que chama a atenção é: "Mulher, estás livre da tua doença" (Lc 13,12). Mais do que fazer desaparecer a enfermidade, Ele estava libertando-a de uma prisão.

Quantos de nós sentimos o peso da vida e seguimos encurvados na tristeza e no desânimo a ponto de não conseguirmos ficar eretos e olhar para a frente com dignidade?

Quantas pessoas, hoje, logo no início do dia, enquanto muitos se afobam para não perder a condução e chegar ao trabalho, estão encurvadas pelo desemprego, sem vontade de levantar da cama, porque não têm o que fazer nem para onde ir?

E quantos levantaram sem uma razão para lutar e perderam a vontade de viver?

Acredite, tudo isso é um jugo, uma carga demasiadamente pesada, e a pessoa acaba necessitando de fugas. Em consequência, aumenta-se o miligrama do antidepressivo, a dose de bebida alcoólica, as tragadas de cigarros e o uso das drogas. É apenas uma questão de dar nome aos elementos de fuga.

Diante dessa realidade, somos chamados a olhar para nós mesmos e perguntar: o que nos mantém encurvados? O que tem sido um peso em nossos ombros e nos impede de termos uma posição de esperança e confiança? Qual é o impedimento para vivermos melhor?

A Palavra de Nosso Senhor Jesus Cristo é atual e serve para todos nós. Ele nos diz: "Mulher, homem, estás livre da tua doença. Eu te liberto da depressão. Eu te liberto da angústia. Eu te liberto desse jugo."

São Lucas afirma, ainda, que Jesus pôs as mãos sobre a mulher e, no mesmo instante, esta se endireitou e começou a louvar a Deus.

Quantos de nós nos arrastamos por dez, onze anos e, às vezes, durante a vida inteira, carregando um peso demasiado sobre os ombros e alheios ao chamado de Nosso Senhor Jesus Cristo, que, impondo as mãos sobre nós, diz: "Eu te liberto. Vem, filho, vem, filha! Eu te restituo a saúde!"

Quem dera nos apropriássemos desse texto para começarmos realmente esse processo de "endireitar" nossa vida, voltando nosso olhar para o horizonte. Encurvados, nossa visão é limitada e nosso horizonte é curto. Endireitados, enxergamos além, fazendo com que a confiança e a esperança aumentem.

Já é hora de deixarmos ecoar dentro de nós o apelo de Jesus: "Vem! Estás livre da tua doença."

Salmo 39 (40)

2. Esperei ansiosamente pelo Senhor: Ele se inclinou para mim e ouviu o meu grito.
3. Ele me fez subir da cova fatal, do brejo lodoso; colocou meus pés sobre a rocha, firmando meus passos.
4. Pôs em minha boca um cântico novo, um louvor ao nosso Deus; muitos verão e temerão, e confiarão no Senhor.
5. Feliz é este homem cuja confiança é o Senhor: Ele não se volta para os soberbos, nem para os sequazes da mentira.
6. Quantas maravilhas realizaste, Senhor meu Deus, quantos projetos em nosso favor: ninguém se compara a Ti. Quero anunciá-los, falar deles, mas ultrapassam qualquer conta.
7. Não quiseste sacrifício nem oferta, abriste o meu ouvido; não pediste holocausto nem expiação,
8. e então eu disse: Eis que eu venho. No rolo do livro foi-me prescrito
9. realizar Tua vontade; meu Deus, eu quero ter a Tua lei dentro das minhas entranhas.
10. Anunciei a justiça do Senhor na grande assembleia; eis que eu não fecho meus lábios, Tu o sabes.
11. Não escondi Tua justiça no fundo do meu coração, falei da Tua fidelidade e da Tua salvação; não ocultei o Teu amor e a Tua verdade à grande assembleia.
12. Quanto a Ti, Senhor, não negues Tua compaixão por mim; Teu amor e Tua verdade sempre vão me proteger.

13. Pois as desgraças me rodeiam a não mais contar; minhas iniquidades me atingem sem que eu possa vê-las; são mais que os cabelos da minha cabeça, e o coração me abandona.
14. Senhor, digna-Te livrar-me! Senhor, vem depressa em meu socorro!
15. Fiquem envergonhados e confundidos os que buscam minha vida para perdê-la! Recuem e fiquem envergonhados os que desejam minha desgraça!
16. Fiquem mudos de vergonha os que riem de mim!
17. Exultem e se alegrem contigo todos os que Te procuram! Os que amam Tua salvação repitam sempre: "O Senhor é grande!"
18. Quanto a mim, sou pobre e indigente, mas o Senhor cuida de mim. Tu és meu auxílio e salvação; Deus meu, não demores!

Glória ao Pai, ao Filho e ao Espírito Santo, como era no princípio, agora e sempre. Amém.

Capítulo 3
Tristeza profunda e seus tentáculos

"Somente é possível vencer o 'monstro' quando aprendemos a encará-lo de frente."

Santo Tomás de Aquino explica o conceito de "tristeza" afirmando: "A tristeza é causada por um mal presente; e este mal, pelo simples fato de ser oposto ao movimento da vontade, deprime a alma na medida em que a impede de usufruir o que ela deseja desfrutar."

Se a tristeza deprime a alma, o que é a depressão?

Durante algum tempo, com a ajuda de profissionais, reuni material sobre o assunto, e o que segue não pretende ser um tratado de psiquiatria, mas apenas uma reflexão a propósito de uma doença que tem acometido milhares de pessoas ao redor do mundo e, dada a essa incidência, já vem sendo chamada por muitos de o "resfriado da mente" ou "o mal do século".

Depressão

"A ferida da alma que não sara, angústia que não passa", é uma forma de definir a depressão numa composição com a qual Deus me agraciou: a canção "Creio no Deus do Impossível".

De fato, a depressão é um problema sério, apontado por especialistas como o mal do novo milênio em razão do grande número de pessoas acometidas por essa doença. São seres humanos comuns, como eu e você, que se encontram em estado de profunda tristeza, prostração e desânimo, e, às vezes, mesmo com o uso de medicamentos, não sabem como restaurar sua vida e recuperar a vontade de prosseguir.

Segundo a medicina, a depressão é um estado patológico de prolongada tristeza, angústia, desesperança e isolamento do mundo. Trata-se de um transtorno de humor grave que pode ocorrer em qualquer faixa etária, porém observa-se o aumento cada vez maior entre idosos e jovens.

Isso não quer dizer que todo mundo que se sinta triste, angustiado ou com medo esteja com depressão. Como atestam os especialistas, há uma grande diferença entre esses quadros.

A tristeza é um estado natural, uma reação perante algo que não está dando certo na vida. Todo mundo fica triste vez ou outra, pois esse é um sentimento que demonstra a nossa humanidade, o quanto nos importamos com aquilo que está à nossa volta.

Estudos científicos recentes indicam que o que diferencia a pessoa normal dos psicopatas é o fato de estes serem 100% racionais e não terem nenhum resquício de emoção, ou seja, a parte do cérebro responsável por processar os sentimentos é completamente inativa. Por essa razão, não são capazes de se colocar no lugar do outro e podem cometer os atos mais atrozes sem nenhum lampejo de remorso. Assim, entristecer-se diante de uma doença ou da perda de um ente querido, por exemplo, é um atestado de que nossas funções cerebrais são saudáveis e, portanto, não há motivo para maiores preocupações.

Por outro lado, a situação muda de figura quando entramos no terreno da depressão. Sim, ela está relacionada com o ficar triste, porém em um nível muito mais profundo e acompanhado de uma série de sintomas. Um dos principais indícios é aquela tristeza persistente, que não passa, perdurando por mais de duas semanas, todos os dias ou na maior parte do tempo.

Por se tratar de uma doença muito séria, o diagnóstico tem de ser rigoroso, mas, infelizmente, existe uma tendência à banalização. Pessoas que estão tristes e têm um motivo para isso, como a situação da morte de alguém querido, encontram-se na fase do luto, a qual faz parte da vida e deve ser vivenciada, porém logo procuram um médico, muitas vezes sem a devida especialização no assunto, e terminam viciadas em antidepressivos. Isso é muito negativo, porque acabamos não exercendo nossa habilidade de superação e perdemos a capacidade de lidar com as perdas ou frustrações, que inevitavelmente fazem parte da vida.

O episódio em que Jesus Cristo sente-se profundamente triste ilustra bem a diferença entre tristeza e depressão. Ele mesmo disse, no Getsêmani: "Minha alma está numa tristeza mortal" (cf. Mt 26,38). Nosso Senhor tinha um motivo concreto para Sua angústia e enfrentou o problema, dizendo: "Meu Pai, se não é possível que este cálice passe sem que eu o beba, faça-se a Tua vontade!" (Mt 26,42). Então, Ele entrega Sua vida livremente.

São João, por sua vez, elencou sete frases de Jesus na Cruz e, em minhas reflexões como sacerdote, a última delas, em particular, me chama mais a atenção quando me volto para o Cristo sofredor, sendo uma espécie de confirmação e realização de tudo o que Jesus passou: "*Consumatum est*" — "Tudo está consumado" (Jo 19,30). Em outras palavras, tudo está completo.

Essa observação do Filho de Deus também me reporta ao Livro do Gênesis, especificamente à última observação feita pelo Pai, quando termina Sua obra de criação e contempla tudo o que foi criado: "Tudo era bom."

Voltando ao comentário da frase "Tudo está consumado", fica claro que tudo se consuma em Jesus — o sacrifício por Ele sofrido, como preço pela nossa salvação e nossa redenção. As feridas, as santas chagas de Cristo, produzem em nós a cura. Ele entregou Seu corpo à morte aceitando, diante dos homens, morrer como malfeitor. Se pararmos para avaliar, chegou ao "fundo do poço", como se diz popularmente, vivendo uma situação de extrema humilhação.

Jesus, Aquele que só fez o bem, na hora derradeira, por assim dizer, "não teve em quem confiar". Experimentou o silêncio de Deus e o desinteresse dos que convidou a estar com Ele em oração e vigilância, no Horto das Oliveiras, porque dormiram. Sofreu um trauma psicológico profundo porque, naquele momento, não tinha mais onde se segurar, senão na certeza de estar no caminho certo. Não havia respostas. Jesus rezou, e Deus silenciou. A única certeza que tinha era a de que, se caminhara até ali, com Deus, não podia recuar, e num gesto de amor e obediência entregou nas mãos do Pai o Seu espírito.

Fazendo um paralelo com a vida de cada um de nós, é possível dizer que, às vezes, também clamamos a Deus e temos a sensação de não sermos ouvidos. A Carta aos Hebreus afirma: "Cristo, nos dias de Sua vida terrestre, dirigiu preces e súplicas, com forte clamor e lágrimas, Àquele que era capaz de salvá-Lo da morte. E foi atendido, por causa de Sua entrega a Deus. Mesmo sendo Filho, aprendeu o que significa a obediência a Deus, por aquilo que Ele sofreu" (cf. Hb 5,7-8). Eis aí o nosso caminho com Jesus. Esta é a resposta para nossas angústias, desolações e incertezas: Cristo, mesmo sendo Filho de Deus, rezando em lágrimas aprendeu o que significa obediência por aquilo que Ele sofreu.

Jesus experimentou o silêncio, e o único sinal da presença de Deus na hora da crucificação, segundo os Evangelhos sinóticos, foi a escuridão (cf. Mt 27,45; Mc 15,33; Lc 23,44). Mas, nas trevas, Deus estava presente.

O sentimento profundo de abandono que experimentou fez com que "aprendesse o que é obediência", afirma o trecho da Carta aos Hebreus. Assim, também somos chamados a aprender que não mandamos em nossos desejos e buscas. É lícito desejar, sonhar, lutar, desde que também seja o anseio, o sonho e a construção de Deus.

Cristo não apenas se anulou fisicamente; a dor foi intensa, mas o que ocorreu superou em muito a agressão física. Foi um confronto emocional de proporções incomensuráveis. Jesus enfrentou uma situação de estresse e sofrimento tão atroz que o fez suar sangue.

Deus cobriu o mundo com as trevas, como no começo da Criação, relatado no Gênesis. Contudo, das trevas nasceu a luz, da noite nasceu o dia, e depois Deus criou o homem. Da mesma forma, as trevas foram colocadas no Cristo para que uma nova criação e o homem novo nascessem. Deus viu que "tudo era bom", e Jesus, que "tudo está consumado". O poder do Inimigo no homem foi cruel, mas Aquele que foi obediente e humilde viu a mão de Deus O ressuscitando.

"Tudo estava consumado", e Jesus foi vitorioso. Nunca Jesus esteve tão próximo da vitória como quando esteve tão próximo da derrota, porque obedeceu a Deus.

Esse é o grande ensinamento a tirar do momento mais difícil que Jesus experimentou em Sua vida terrena: não importa como, nem em quais circunstâncias, não importa em que silêncio e abandono nos sintamos, obedecer a Deus é o melhor caminho, e seremos vitoriosos.

Causas da depressão

A causa exata da depressão permanece desconhecida. Em muitos casos, o fator genético-hereditário está envolvido em sua origem.

Por outro lado, quase sempre a depressão é causada pela perda de algo que é muito significativo para quem a experimenta. Vale lembrar que essa importância é aferida sob o ponto de vista particular da própria pessoa, ou seja, nem sempre as outras pessoas entendem a razão para tamanho sofrimento.

Como exemplo, pode-se citar a perda de uma pessoa querida e mesmo de um animal de estimação, a demissão inesperada ou anunciada no trabalho, o divórcio, o confronto com assaltantes, a traição do cônjuge ou de uma pessoa muito querida, a saída do filho de casa, entre outras circunstâncias a que todos estamos sujeitos.

O que para uns pode levar ao fortalecimento da disposição para lutar, para o deprimido é motivo de prostração. É como se a perda ou a mudança sofrida causasse uma "dor psíquica", um termo que Freud, o "pai" da psicanálise, empregou no início do século XX. A depressão seria a tentativa do inconsciente de lidar com essa dor psíquica.

Freud correlaciona a perda do amor-próprio com a perda do Eu idealizado, o que gera uma culpabilidade e a aparição dos sintomas, como se a pessoa já não se achasse digna de sentir prazer ou, como o estudioso refere, perdesse a capacidade de amar. Lacan, psiquiatra francês, grande estudioso da psicanálise freudiana, afirma que a depressão é a perda do desejo perante a perda do objeto desejado.

Na verdade, nem sempre a depressão se manifesta em seguida ao trauma sofrido; muitas pessoas demoram a trazer à consciência o que perderam ou a dar a devida importância ao fato, preferindo escamotear a sua dor.

O erro está justamente nessa conduta. Ao contrário, as pessoas precisam falar sobre aquilo que as incomoda; "deixar para lá" não é a solução.

Mas com quem falar?

Evidentemente, uma pessoa próxima pode revelar-se uma boa ouvinte, mas, por se tratar de uma doença, a ajuda de um psicoterapeuta e também do psiquiatra às vezes precisa ser buscada. Com base em seu conhecimento, esses profissionais saberão como ajudar o paciente a trabalhar suas dificuldades. Uma boa notícia é que há um serviço de atendimento psicológico gratuito disponível na maioria das cidades: trata-se dos Centros de Atenção Psicossocial (CAPS), que integram a rede de atendimento do Sistema Único de Saúde e para os quais os pacientes são encaminhados após avaliação psiquiátrica.

Um ponto importante é não se deixar levar pelo imediatismo, acreditando que a cura virá do dia para a noite. Conheço pessoas de trinta, quarenta, cinquenta anos às voltas com fatos ocorridos na infância que ainda as prejudicam, então é preciso ter paciência. A cura é um processo lento e gradativo, porque muitas vezes é preciso mexer com lembranças dolorosas que, justamente por isso, relutamos em entrar em contato. Por outro lado, somente é possível vencer o "monstro" quando aprendemos a encará-lo de frente.

Sintomas da depressão

A partir de 1993, a Organização Mundial da Saúde, por meio da Classificação Internacional de Doenças (CID-10), e a American Psychiatric Association (DSM-IV) definiram os critérios que permitem identificar a depressão, de forma a evitar que seja confundida com um período de estresse ou angústia que eventualmente estejamos passando. Nessa classificação da doença, destacam-se nove sintomas específicos:

1. Perda do interesse por coisas antes apreciadas

O humor deprimido faz com que a vida pareça sem graça, cor ou brilho. A pessoa perde o interesse pela vida, o que não indica necessariamente um desejo de morte. Na prática, fica sem a menor vontade de realizar aquilo que antes era motivo de prazer — por exemplo, cozinhar, fazer uma caminhada, estar junto dos filhos e netos. Não se trata de mudança de interesse, mas da sua ausência completa. Nada mais dá prazer ou faz sentido.

2. Desleixo com os cuidados pessoais

Aqueles que perdem o interesse pelo mundo externo acabam deixando de se importar com a apresentação da sua imagem para os outros. Falta de vaidade não é propriamente um sintoma da depressão, até porque existem aquelas pessoas para as quais estar com o cabelo e a roupa impecáveis não é tão importante.

Por outro lado, se alguém que sempre gostou de cuidar do próprio visual de repente tornar-se relapso quanto a isso, algo errado está ocorrendo. Vale lembrar que os cuidados pessoais afetados pela depressão vão muito além de superficialidades que possam estar associadas à vaidade, comprometendo até mesmo o desejo de se banhar e trocar de roupa.

3. Perda ou ganho significativo de peso

A mudança ab-rupta do apetite, em mais ou em menos, sem que a pessoa esteja fazendo uma dieta para isso, é um forte indício de que a depressão pode estar instalada. Nos casos mais típicos, ocorre um emagrecimento sem motivo.

4. Insônia ou hipersônia

A pessoa que não consegue dormir ou tem sono demais, chegando a dormir 12, 14, 16 horas seguidas, sem medicamentos para isso, está com um distúrbio do sono, que é um dos sintomas mais característicos do quadro depressivo.

5. Agitação ou lentificação do aparelho psicomotor

Traduzindo esse termo técnico, significa que os gestos, a fala e até mesmo o jeito como a pessoa se move sofrem alterações, ficando muito agitados ou demasiadamente lentos. Por isso, nas pessoas muito deprimidas a fala parece arrastar-se.

6. Fadiga e cansaço

Muitos pacientes relatam esse tipo de sensação, que no fundo expressa a falta de coragem de enfrentar o dia.

7. Sentimento de culpa

Esse sintoma diz respeito a um sentimento em que a pessoa se autocensura ou se culpa de uma forma muito cruel para consigo mesma. Acha-se responsável pela sua depressão, assim como por acontecimentos sobre os quais não teve qualquer influência, o que em contrapartida reforça sua sensação de inutilidade.

8. Diminuição da capacidade de concentração

Pensar ou raciocinar fica mais difícil. Mesmo uma atividade corriqueira, como conversar, torna-se um fardo. Alguns começam a falar e mal conseguem terminar uma frase, perdendo-se no meio do raciocínio. A dificuldade existe até para assistir a um filme, uma vez que não conseguem concentrar-se.

É importante diferenciar de problemas como dislexia e déficit de atenção. No caso da depressão, a perda da capacidade de concentração ocorre porque a mente está aprisionada num "quarto escuro", à mercê de pensamentos que a deixam triste e vulnerável.

9. Pensamento de morte

De todos os sintomas, este é, sem dúvida, o mais grave, sendo também conhecido como "ideação suicida", estado em que a pessoa começa a cogitar a ideia de que morrer é melhor do que viver. Isso não quer dizer que ela vá necessariamente praticar o suicídio, mas viver começa a ficar tão insuportável que a única solução aparente é a morte. A intenção não é acabar com a vida, e sim com a dor e o sofrimento.

Diagnóstico

De acordo com o DSM-IV, para a confirmação de um diagnóstico de depressão, é preciso que estejam presentes pelo menos cinco dos nove sintomas citados, persistentes por, no mínimo, duas semanas. Dependendo da forma como os sintomas são experimentados, a depressão é classificada como leve, moderada ou severa. Qualquer situação fora desse enquadramento não constitui um episódio depressivo e, provavelmente, a pessoa está passando por um momento difícil, de desequilíbrio emocional, que, não obstante, não pode ser considerado um caso de depressão.

O trabalho de detecção da doença é minucioso, e cada paciente deve ser acompanhado pelo especialista, que fará o diagnóstico a partir de um procedimento técnico chamado anamnese, uma entrevista na qual é levantada uma série de fatos, incluindo o histórico pessoal e familiar.

Fechado o diagnóstico, a indicação da medicação adequada compete ao psiquiatra. O psicólogo, por si só, não pode receitar remédios, sendo o seu papel indicar ao paciente um psiquiatra de sua confiança. Também estão completamente fora de cogitação a automedicação ou a adesão a um medicamento indicado por terceiros, sob o pretexto de que fez bem para eles. Cada caso é um caso, e apenas o profissional competente poderá avaliar, até porque existem efeitos colaterais, incluindo a dependência. Vale lembrar que a pessoa que já teve um diagnóstico de depressão tem grande chance de ter uma recaída e, a cada episódio desse tipo, dobra a probabilidade de manifestação da doença.

Outro aspecto importante é que alguns pacientes tomam os antidepressivos e se sentem péssimos, sendo indispensável o acompanhamento médico justamente para encontrar o medicamento mais eficaz. Os remédios têm um papel fundamental na recuperação da depressão, porque têm a função de equilibrar os neurotransmissores e neurorreceptores, fazendo com que o cérebro volte a funcionar normalmente.

Um fator muito preocupante, além da falta de informação, é a banalização da depressão, algo para o qual já chamei a atenção anteriormente. A consequência direta disso é a facilidade com que as pessoas procuram os medicamentos psiquiátricos, como se bastasse tomar uma pílula e todos os problemas estivessem resolvidos. Ora, não é assim que funciona. A medicação é importante e essencial para os casos mais sérios, mas nem todos. Ao tomá-los, o paciente passa a levar sua vida com a ajuda de "muletas", como aquelas pessoas que não conseguem mais andar por si sós e necessitam desses aparatos para colocar os pés no chão e prosseguir. Nos casos mais graves, esse amparo deve ser mantido por toda a vida, apesar dos tais efeitos colaterais já mencionados, pois os médicos fazem sua avaliação levando em conta a relação risco-benefício.

Por tudo isso, recorrer aos remédios enquanto existe a possibilidade de viver sem eles é uma irresponsabilidade, que advém em grande parte da banalização à qual me refiro.

Na verdade, as pessoas estão cada vez mais desacostumadas a lidar com a sensação de desconforto que faz parte da vida e optam pelo caminho mais fácil ou mais rápido, esquecendo-se de exercitar a sua capacidade de superação. Isso ocorre, em grande parte, porque elas ainda não atentaram para a importância da frustração em nossa vida.

Como assim, padre?

Pode parecer um contrassenso, mas é isso mesmo. É comum termos, ao longo de toda a vida, frustrações em razão de projetos e sonhos que não caminharam como esperávamos. São reveses que fazem parte da jornada de todas as pessoas, e precisamos aprender a lidar com eles. Isso é tão importante que há quem defenda que os pais deveriam providenciar para seus filhos, desde pequenos, experiências de frustrações, a fim de torná-los aptos a enfrentá-las na fase adulta.

Quanto mais cedo a pessoa aprende a lidar com equívocos e expectativas que não se confirmam, melhor. Infelizmente, hoje a forma de educação que prevalece é aquela na qual a criança recebe tudo o tempo todo. O que elas querem, têm. Isso é prejudicial, justamente porque crescem sem a experiência da frustração, necessária para moldar a personalidade humana no sentido de fazê-la compreender a importância de lutar pelas coisas e encarar as derrotas como um aprendizado que favorece o autodesenvolvimento. Há pais que chegam ao ponto de não deixar a criança brincar e se sujar, na tentativa inútil de preservá-la dos perigos do meio ambiente. Mas isso é prejudicial, conforme atestam os estudiosos, pois é o contato com o mundo externo que fortalece a imunidade do organismo. O mesmo é válido do ponto de vista emocional.

Então, a frustração possui um lado positivo quando bem-trabalhada, na medida em que apresenta ao ser humano os seus limites e, ao mesmo tempo, reforça nele a disposição de dar mais de si para atingir seus objetivos. Por outro lado, é preciso tomar cuidado para não exagerar e acabar deixando a criança "se virar" por conta própria, o que acabaria resvalando numa situação de descaso e abandono.

Por tudo isso, faço um convite a todas as pessoas com as quais tenho a honra de dialogar, seja nos programas de rádio e televisão, bem como por intermédio de meus livros e artigos publicados em jornais e revistas, para que tenham a coragem de olhar para si mesmas com sinceridade e procurem as causas dessa tristeza tão grande, propondo-se a vencer esse mal e não simplesmente usar paliativos para tentar aplacar a dor.

Evidentemente, nos quadros mais severos de depressão, a prescrição de remédios é inevitável, mas isso só quem pode avaliar é o médico.

Transtorno afetivo bipolar (TAB)

Além da depressão, estão incluídos entre os principais distúrbios de humor a distimia, apresentada por pessoas com um humor cronicamente triste ou deprimido na maior parte dos dias, e o transtorno afetivo bipolar. Vou deter-me um pouco mais neste último por ser outra doença psíquica sobre a qual tenho recebido muitas partilhas ultimamente.

Também conhecido como bipolaridade, o transtorno afetivo bipolar tem como característica marcante uma variação de 180 graus no humor, ou seja, um dia a pessoa está muito alegre, no outro a tristeza predomina, como se transitasse permanentemente entre dois polos opostos. É um problema bastante sério e complexo, sobretudo porque, muitas vezes, o diagnóstico correto só consegue ser alcançado depois de anos.

Essa doença já foi denominada psicose maníaco-depressiva, pois o portador alterna fases de euforia e depressão. Hoje, os especialistas identificam dois tipos de ocorrências:

- Tipo I, em que a manifestação é crônica e periódica. Na grande maioria dos casos, as pessoas que apresentaram um episódio estão sujeitas a outros no decorrer da vida.
- Tipo II, caracterizado pela alternância entre quadros depressivos e hipomania, que é uma forma moderada de mania.

A fase maníaca corresponde a um estado de humor exaltado, que se estende por uma ou duas semanas e, se não tratado, pode durar meses. Pode ser caracterizado por uma alegria contagiante ou uma irritação agressiva.

Outros sintomas são:

- Autoestima elevada.
- Sentimento de grandiosidade.
- Aumento da atividade motora demonstrando grande vigor físico, sem a necessidade de sono.
- Rapidez de pensamento com verbalização confusa; as frases emendam-se umas às outras, sendo expressas antes mesmo que a anterior tenha sido concluída.
- Forte grau de distração.
- Aumento do estímulo e da atividade sexual.

Por todos esses sintomas descritos, os portadores dessa doença tornam-se pessoas que ninguém quer ter por perto por considerá-los insuportáveis e inconvenientes. Eles, por sua vez, se sentem muito bem, praticamente invencíveis, podendo até passar dias sem dormir. Estão sempre cheios de ideias, planos. Não se intimidam com qualquer forma de cerceamento ou ameaça e não reconhecem nenhuma forma de autoridade ou posição superior à sua. Quando contrariados, ficam aborrecidos para valer, mas com a mesma rapidez com que se zangam esquecem o episódio da briga, como se nada tivesse ocorrido. Mudanças ab-ruptas também marcam seu comportamento: as coisas pelas quais antes não se interessavam passam a ser fonte de prazer; mesmo as pessoas com quem não tinham bom relacionamento tornam-se, a seu ver, amistosas e bondosas.

Na fase depressiva, que, de certa forma, é o oposto da maníaca, como o próprio nome sugere, o humor encontra-se deprimido, e a autoestima, abalada por sentimentos de inferioridade. A capacidade física também fica comprometida, pois a sensação de cansaço é constante. As ideias fluem com lentidão e dificuldade, reduzindo a capacidade de atenção. O interesse pelas coisas em geral é perdido, bem como o prazer na realização daquilo que antes era agradável. Nessa fase, embora não esteja necessariamente reduzido, o sono não propicia satisfação ou descanso, uma vez que o paciente acorda indisposto.

Quando não tratada, a fase depressiva também pode prolongar-se durante meses.

Além dos medicamentos, os procedimentos de ordem terapêutica, como psicanálise, psicoeducação, terapia familiar, terapia cognitivo-comportamental e terapia interpessoal, são indicados para tratar pacientes bipolares.

Os especialistas afirmam que nem sempre há cura para a doença; porém, com a manutenção da medicação, os portadores podem levar uma vida absolutamente normal.

O filme *Mr. Jones* retrata com precisão o que é ser um portador do transtorno afetivo bipolar. O personagem protagonista, que dá nome ao filme, durante a crise maníaca, mostra-se divertido, criativo e envolvente, mas completamente inconsequente, chegando a levantar de madrugada e ligar o rádio em alto volume sem se importar com o repouso. Em outros momentos, julgando-se dono de um poder extraordinário, sobe no telhado com a certeza de que poderá alçar voo. Nessas crises de agitação, mexe com as pessoas e fala tão depressa que ninguém consegue acompanhar seu pensamento. Às vezes, apesar da genialidade aparente, expõe-se a riscos desnecessários e descabidos.

Salmo 41 (42)

2. Como a corça bramindo por águas correntes, assim minha alma está bramindo por Ti, ó meu Deus!
3. Minha alma tem sede de Deus, do Deus vivo; quando voltarei a ver a face de Deus?
4. As lágrimas são meu pão noite e dia, e todo dia me perguntam: "Onde está o teu Deus?"
5. Começo a recordar as coisas, e minha alma em mim se derrama: quando eu passava, sob a Tenda do Poderoso, em direção à casa de Deus, entre os gritos de alegria, a ação de graças e o barulho da festa.
6. Por que te curvas, ó minha alma, gemendo dentro de mim? Espera em Deus, eu ainda O louvarei,
7. a salvação da minha face e meu Deus! Minha alma curva-se em mim, e por isso eu me lembro de ti, desde a terra do Jordão e do Hermon, de ti, ó pequena montanha.
8. Grita um abismo a outro abismo com o fragor das tuas cascatas; tuas vagas todas e tuas ondas passaram sobre mim.
9. De dia o Senhor manda o Seu amor, e durante a noite eu vou cantar uma prece ao Deus da minha vida.
10. Vou dizer a Deus, meu rochedo: por que me esqueces? Por que devo andar pesaroso pela opressão do inimigo?
11. Esmigalhando-me os ossos meus opressores me insultam, repetindo todo o dia: "Onde está o teu Deus?"
12. Por que te curvas, ó minha alma, gemendo dentro de mim? Espera em Deus, eu ainda O louvarei, a salvação da minha face e meu Deus!

Glória ao Pai, ao Filho e ao Espírito Santo, como era no princípio, agora e sempre. Amém.

Capítulo 4
*Bullying**

> *"A criança que presencia situações nas quais os pais ou parentes ridicularizam os que acham 'diferentes' acabará levando isso para o seu convívio."*

Bullying é uma palavra que vem do inglês e cuja tradução pode significar "intimidar" ou "amedrontar". É um tipo de fenômeno que ocorre geralmente nos grupos e, por consequência, em escolas.

A agressividade em relação ao outro é uma das características do *bullying* e nem sempre ela é física, realizando-se muitas vezes de forma simbólica, como a criação de situações para ridicularizar e fazer piadas e chacotas. Também pode ser manifestada por meio da segregação, ou seja, da não aceitação no grupo.

Para que um determinado evento de agressividade se configure como prática de *bullying*, também é necessário que ele ocorra de forma repetitiva e frequente. Na maioria dos casos, as vítimas pertencem a um grupo menor, uma minoria, que se destaca dos demais por questões relacionadas à aparência física, à sexualidade, ao comportamento, e essas diferenças funcionam como uma espécie de estopim para uma possível ocorrência de *bullying*.

Especialistas no assunto chamam a atenção para três personagens principais envolvidos no contexto do *bullying*:

---

* Embora o *bullying* seja um problema social decorrente de fatores comportamentais e não uma doença, ele pode acarretar sérios desequilíbrios psíquicos e emocionais, reportando-se, consequentemente, ao que neste livro é chamado de "feridas da alma".

o agressor ou o grupo de agressores, a vítima e os espectadores. A dinâmica funciona mais ou menos da seguinte forma: o primeiro agride, o segundo se submete, e os demais se divertem rindo.

Atualmente, com o avanço da tecnologia e o advento da chamada era virtual, o problema ganhou nova dimensão. Refiro-me a e-mails e mensagens ameaçadores postados em sites, geralmente com fotos e palavras constrangedoras a respeito da vítima, dando origem a uma variante desse tipo de prática agressiva denominada *cyberbullying*. Em razão do alcance da internet e de sua presença constante em todos os momentos da vida das pessoas, muito além do ambiente escolar, ampliou-se consideravelmente o tempo que uma pessoa pode ficar exposta a toda sorte de constrangimentos, em alguns casos praticamente o tempo todo.

A situação é tão grave que seguidas vezes ouvimos nos noticiários episódios lamentáveis relacionados à criação de páginas falsas nas redes sociais em que o perfil de uma determinada pessoa é totalmente deturpado, causando sérios aborrecimentos para ela própria, além de seus familiares e amigos.

Segundo uma pesquisa feita nas escolas públicas e particulares, a maioria dos casos de agressão ocorre nos corredores e nos pátios das escolas, sendo que três em cada dez alunos confidenciaram ser vítimas desse tipo de violência dentro da instituição de ensino.

Isso é muito preocupante e, ao que tudo indica, atinge primordialmente as crianças e os adolescentes. Por isso, os pais devem ficar muito atentos e, caso o filho ou a filha, de uma hora para outra, apresente sinais de que não quer mais ir à escola, devem investigar o motivo, pois podem estar diante de mais uma vítima de *bullying*.

Recentemente, uma moradora de Curitiba contou-me ter percebido que seu filho não queria mais frequentar a escola. Quando chegava o momento de ir para a aula, ele chorava. Como é típico entre aqueles que sofrem esse tipo de agressão, não contava nada, mas a mãe descobriu que havia alguns meninos provocando insistentemente o garoto e foi até a escola ter uma conversa com a direção e os professores. Isso fez com que a situação mudasse, porque o agressor, na maioria das vezes, é covarde e não espera que a vítima tenha essa atitude de pedir ajuda e reagir.

A iniciativa dessa mãe de ir até a escola foi correta, porque é responsabilidade daqueles que gerenciam as instituições de ensino fiscalizar o ambiente compartilhado pelos alunos e não deixar que nenhum tipo de violência ocorra. A curto prazo, também é recomendável que os pais tenham uma conversa franca com seus filhos no sentido de encontrar maneiras para que eles possam ficar protegidos.

A vítima

Como já mencionado antes, geralmente a vítima de *bullying* é uma pessoa que se destaca das demais por motivos os mais variados: apresentar padrões físicos diferentes — ser baixinha, gordinha, magra demais, usar óculos etc.; pertencer a um grupo religioso ou a uma raça que configure minoria na comunidade; expressar um comportamento fora do comum, como timidez excessiva com dificuldade para se "enturmar", desempenho escolar ruim, dedicação excessiva aos estudos e isolamento social (os chamados "nerds"); entre outros.

Quanto à média de idade em que o *bullying* é mais comum, as pesquisas indicam entre 12 e 14 anos, contudo podem ocorrer casos em outras faixas etárias.

Diante da agressão, quase sempre a vítima costuma apresentar insegurança e se retrai, passando a sofrer calada. Em alguns casos mais raros, acaba assumindo o que a agressão sugere e se transforma em algoz de outros mais frágeis do que ela.

Muitas vezes, a vítima se coloca em situações de risco e sofre as consequências; então, o primeiro passo é perceber quais são essas "armadilhas" e traçar um plano para não cair nelas. Um exemplo é mudar horários e hábitos, bem como procurar um professor ou a direção da escola e pedir ajuda.

Uma recomendação importante para quem é alvo de *bullying* é evitar situações que favoreçam a agressão — por exemplo, passar por locais onde os agressores se encontram. Se não tiver jeito, jamais fazer isso sozinho e buscar sempre a companhia de alguém de confiança, de preferência um adulto, pelo menos naquele determinado momento.

As consequências

Dependendo da estrutura psíquica da vítima, a agressão contínua pode gerar consequências nocivas: problemas de socialização, medo, angústia, pânico, crises depressivas, distúrbios alimentares (anorexia e bulimia), distúrbios do sono, fobia em relação ao ambiente escolar. Existe até mesmo um índice já confirmado de suicídios provocados pelo *bullying*.

Por isso, quando a criança ou o adolescente demonstra estar em sofrimento, não se deve esperar; quanto antes for procurada a ajuda de profissionais especializados como educadores e psicólogos, melhor.

O agressor

Geralmente, aquele que pratica *bullying* gosta de aparecer e ser o centro das atenções. Precisa estar no comando da situação para se autoafirmar e exterioriza sua raiva agredindo.

A baixa autoestima do agressor pode ser um dos gatilhos para cometer atos perversos, pois dessa forma se sente mais poderoso. Muitas vezes a criança e o adolescente agressor veem na imposição da sua vontade sobre o mais frágil uma forma de se sentirem fortes.

Assim, não raro a agressividade é apenas subproduto de um grau elevado de baixo amor-próprio, que acaba sendo agravado quando pais e educadores não tomam conhecimento disso. Vale destacar que a grande dificuldade de combater o *bullying* se deve justamente ao fato de tanto os agressores quanto as vítimas não conseguirem abandonar seus respectivos "papéis" e buscarem novos valores.

Os espectadores

Aqueles que têm conhecimento das agressões e, de alguma forma, incentivam sua ocorrência têm um papel fundamental na alimentação do *bullying*, pois sem eles o agressor não atingiria seu objetivo. Muitos se colocam como "torcida", estimulando a continuidade das humilhações e, dessa forma, tornam-se coautores do malfeito.

Estratégias de prevenção

A escola é o lugar privilegiado para prevenir o *bullying* por meio da promoção de debates que envolvam alunos, pais, professores, coordenadores, além da própria direção. Isso permite não apenas definir normas de convivência e sanções, como também identificar eventuais casos que estejam ocorrendo dentro da escola.

A punição também desempenha uma função importante no processo de combate ao *bullying*. Num primeiro momento, cabe à instituição tentar rastrear os motivos que levaram a tal conduta, para o que se faz necessária a convocação dos pais ou responsáveis pela criança agressora. Também é seu dever exigir que se retrate e peça desculpas por suas atitudes erradas perante a vítima e todo o grupo, como forma de desestimular novas ocorrências e condutas semelhantes. A ajuda especializada também deve ser acionada caso o problema persista.

A direção da escola ainda pode colaborar com a realização de pesquisa aprofundada sobre como está a relação entre os alunos e desses com os professores. Com base nesse levantamento, devem ser desenvolvidas estratégias em conjunto para melhorar a qualidade do ambiente educacional.

O esporte e o lazer saudável igualmente contribuem para reduzir o nível de agressão, pois fazem com que a energia das crianças e dos adolescentes seja canalizada para jogos e outras atividades lúdicas.

Não podemos esquecer que todos nós trazemos em nosso íntimo uma certa dose de agressividade, que é uma característica natural do ser humano. Contudo, sua existência deixa de ser admissível quando permitimos que esse impulso se expresse de forma livre, sem limites. É para evitar que as coisas cheguem a esse ponto que existe o processo de educação, no qual aprendemos a nos controlar, e seu início deve ocorrer já na primeira infância, tão logo os filhos começam a morder, puxar cabelo e dar tapas na mãe e no pai.

Muitos consideram prematura qualquer repreensão nessa fase por acreditarem que a criança ainda não tem condições de compreender. Contudo, quanto mais cedo for iniciada a imposição de limites, mais rápida será a assimilação do certo e do errado.

Em contrapartida, aquelas que crescem com a agressividade incontrolada provavelmente são fruto de um processo educativo pouco eficaz, que, de alguma forma, mostrou-se falho na transmissão de valores éticos e espirituais.

Assim, a criança que presencia situações nas quais os pais ou parentes próximos ridicularizam os que acham "diferentes", com piadas de mau gosto e gozações, acabará levando isso para o seu convívio escolar e social. Por outro lado, as que se desenvolvem em um ambiente dirigido por valores como respeito e amor saberão respeitar e ser solidárias com seus colegas, professores e todos à sua volta.

Em síntese, a melhor prevenção para o *bullying* é sempre o diálogo, os limites, a orientação e os bons exemplos.

Salmo 55 (56)

2. Tem piedade de mim, ó Deus, pois me atormentam, o dia todo me oprime um combatente.
3. Os que me espreitam o dia todo me atormentam, são muitos os que do alto me combatem.
4. No dia em que eu temo, eu confio em Ti.
5. Em Deus, cuja palavra eu louvo, em Deus eu confio: jamais temerei! O que pode um mortal fazer contra mim?
6. Todo dia eles torcem minha causa, seus pensamentos todos são o mal contra mim;
7. eles se reúnem, se escondem, observam meus passos, espreitando com avidez a minha vida.
8. Rejeita-os, por causa da iniquidade! Ó Deus, derruba os povos com Tua ira!

9. Já contaste os meus passos de errante, recolhe minhas lágrimas em Teu odre!
10. E meus inimigos recuarão no dia em que eu Te invocar! Bem sei que Deus está comigo.
11. Em Deus, cuja palavra eu louvo, no Senhor, cuja palavra eu louvo,
12. em Deus eu confio: jamais temerei! Que poderia fazer-me o homem?
13. Mantenho os votos que a Ti fiz, ó Deus, cumprirei a Ti as ações de graças;
14. pois livraste minha vida da morte, para que eu ande na presença de Deus, na luz dos vivos.

Glória ao Pai, ao Filho e ao Espírito Santo, como era no princípio, agora e sempre. Amém.

Capítulo 5
"O que permiti que fizessem de mim?"

"Os outros só fazem conosco aquilo que nós permitimos que eles façam."

Você pode pensar: "Definitivamente, não sou mais a mesma pessoa. O que aconteceu comigo? São feridas tão profundas que parecem ter secado minha alma, roubado meus sonhos, pintado minha existência de cinza."

A sensação é legítima e não pode ser menosprezada. Mas existe um ditado popular que diz: "Os outros só fazem conosco aquilo que nós permitimos que eles façam." A lógica dessa máxima é tão simples quanto verdadeira, e eu vou mais além: a vida só faz conosco aquilo que permitimos que ela faça. Em outras palavras, nada muda de repente. As transformações e mudanças, mesmo quando não desejamos que ocorram, são previstas, anunciadas e só nos surpreendem quando fingimos não enxergá-las.

Da mesma forma, a existência da ofensa depende mais de quem se sente ofendido do que do responsável pelo comentário, gesto ou comportamento negativo. Isso quer dizer que algo somente se tornará uma ofensa se nos permitirmos sentir mal perante sua ocorrência. Ou seja, podemos ficar aborrecidos ou simplesmente entender que a pessoa tem o direito de expor o que pensa sobre nós ou reagir de forma contrária a algo. No segundo caso, podemos ter duas reações positivas: compadecermo-nos, porque, de fato, nada do que disse faz sentido, ou, caso haja algum fundamento, termos a humildade de tentar mudar nossa maneira de ser. Trata-se de uma escolha para nosso próprio bem.

Ao mesmo tempo, vivemos um momento de intensa cobrança pela felicidade em nossa sociedade, segundo a qual temos de estar bem e realizados o tempo todo, sempre correndo atrás do sucesso, e não nos é permitido ficar sequer um só dia entregues aos pensamentos ou mesmo à tristeza. Existe uma cobrança por parte das pessoas à nossa volta para que estejamos sempre rindo, de bem com a vida e bem-sucedidos. O resultado é catastrófico: como não é possível ter um estado de felicidade permanente em razão das inúmeras tribulações do dia a dia, tudo se torna motivo para melancolia e depressão.

Outro aspecto que pode nos escravizar são "verdades" estabelecidas pela sociedade atual, como padrão de beleza, êxito profissional e financeiro, acumulação de bens, status social etc. Eles levam a imposições do tipo "quero", "devo", "não devo", "posso", "não posso" e, por essa razão, são a principal fonte da maior parte dos conflitos pessoais.

Medicamentos para tratar problemas de ordem psíquica e emocional muitas vezes são indispensáveis, porém nenhum deles será suficiente se não tentarmos resolver a maneira como lidamos com esses problemas, que, diga-se de passagem, são inevitáveis. Se temos dificuldade e não buscamos ajuda, continuamos "batendo na mesma tecla", isto é, apresentando o mesmo comportamento e esperando, porém, que as coisas mudem. A mudança tem de partir de nós mesmos, ou seja, de dentro para fora e não o inverso, caso contrário permaneceremos batendo cabeça o resto da vida, e não há pílula da felicidade que possa resolver.

Durante a vida, todos acumulamos mágoas, ofensas, frustrações, e um dos maiores problemas está justamente em "jogar a sujeira para debaixo do tapete", agindo como se nada tivesse acontecido. Mas, responda rápido: o que ocorre com uma casa onde o lixo fica parado, acumulado nos cantos, sem uma faxina adequada? O mesmo vale para a nossa mente...

Uma verdade importante é que dificilmente nos magoamos com os gestos de agressão ou desconsideração de pessoas estranhas. Podemos ficar irritados, eventualmente até manifestarmos nossa indignação, mas logo esquecemos. Isso ocorre porque, no fundo, não esperamos nada delas.

Já em relação às pessoas próximas, a história é outra. Delas esperamos reconhecimento, compreensão, amizade, suporte. Muitas vezes, até por medo de perdermos as pessoas mais amadas, submetemo-nos e permitimos suas ofensas. A situação pode chegar ao limite de nos perdemos de nós mesmos, deixarmos de ser o que somos para nos tornarmos aquilo que dizem ou esperam de nós. Isso acaba deturpando nossa própria identidade ou essência. O preço a pagar, por sua vez, é muito alto: impedidos de ser quem verdadeiramente somos, abrimos espaço para a tristeza, o sofrimento e a depressão.

Evidentemente, as coisas não ocorrem de uma hora para outra; trata-se de um processo evolutivo e complexo, e, quando nos damos conta, as coisas já são como são. Por isso mesmo, o primeiro passo é ter consciência de que não é porque as coisas são assim que elas têm de ser assim.

Por exemplo, todos temos consciência de que não é possível agradar a todos, então é absolutamente plausível que deixemos de ouvir os outros para ouvir a nós mesmos. É uma lição tão fundamental que deveria implicar uma conduta automática, mas não é assim que as coisas funcionam. Então, temos de nos educar a partir do ensinamento mais elementar, que é "respeitar a si mesmo e aos outros, não permitindo que nos ofendam, assim como nós também não devemos ofendê-los".

Todavia, se não pudermos evitar que isso ocorra, podemos, sim, impedir que as ofensas recebidas causem danos em nossa vida. E a partir do momento em que não nos deixarmos ofender, não sofreremos danos.

Se, por uma questão de sensibilidade, torna-se difícil desenvolver esse autocontrole, está ao nosso alcance, pelo menos, tentar reduzir ao mínimo possível os efeitos provocados, não permitindo que se transformem em mágoas e outros sentimentos perigosos. Por outro lado, quando as ofensas são recorrentes no período da infância, provavelmente a criança, por ainda não ter esse poder de discernimento, terá sua autoestima afetada e necessitará de um acompanhamento psicológico.

Existe, na física, um conceito chamado resiliência, que significa a capacidade de um objeto recuperar-se, moldar-se novamente depois de ter sido comprimido, expandido ou dobrado, voltando ao seu estado original. No dicionário, encontramos as seguintes definições para essa palavra:

1. Propriedade de um corpo de recuperar a sua forma original após sofrer choque ou deformação.
2. Capacidade de superar adversidades.

Trazendo para a nossa realidade, no campo das relações humanas, esse conceito refere-se ao processo de superação, em que enfrentamos os problemas e conflitos e saímos fortalecidos.

Não quer dizer que o resiliente seja invulnerável, ou seja, que nada o atinja, nem que viva conformado com tudo. Não se trata disso. Antes, é uma pessoa que, apesar de ser atingida, aprende, adapta-se, enfrenta, renova-se, recuperando-se das adversidades impostas pela vida, tanto na área pessoal quanto na profissional.

A propósito, "resiliência" é um termo que está "na moda". De sua parte, o cristianismo possui palavras mais belas, como "fidelidade", "paciência", "constância" e, especialmente, "perseverança" (em grego, *hypo-moné*, que significa "ficar firme — *moné* — debaixo do peso de uma dificuldade — *hypo* —, sus-tentar". O "per" de "perseverança" sugere o mesmo: ficar firme através/no meio das dificuldades; atravessá-las vitoriosamente. Belíssima palavra de Jesus Cristo: "Quem perseverar até o fim — esse será salvo" (Mt 23,12).

Assim, a "perseverança" tem a vantagem de ser mais dinâmica que a "resiliência". As dificuldades fazem o cristão crescer e amadurecer, e não apenas voltar à forma original.

Muitos já conhecem a lenda da águia — a ave que, entre os animais da sua espécie, é a que mais vive, porém, quando chega aos quarenta anos, precisa tomar uma decisão significativa. Nesse momento, as unhas dos pés crescem tanto que dificultam a caça; o bico, pelo tamanho exagerado, impede-a de bicar os alimentos; já as penas envelhecem, de tal forma que não podem mais voar alto.

Em razão de tantos entraves, a águia é obrigada a uma decisão: passar por um processo doloroso de renovação ou morrer.

A primeira opção consiste em voar para o alto de uma montanha e se recolher em um ninho construído próximo a um paredão, de forma que não necessite voar. Após encontrar esse lugar, a águia começa a bater com o bico em uma parede até conseguir arrancá-lo. Quando o novo bico nasce, utiliza-o para arrancar suas unhas. Assim que as novas estão suficientemente fortes, passa a arrancar as velhas penas. Somente depois desse doloroso processo de transformação a águia realiza um formoso voo de renovação e se mostra pronta para viver mais trinta anos.

Às vezes, renovar-se significa passar por um trabalho longo, solitário e doloroso de "arrancar" o que, durante a vida, tornou-se velho, enferrujado, desgastado pelo tempo e pesado. Em síntese, é preciso ter a coragem de livrar-se daquilo que dificulta o voo alto e a vida com qualidade. A escolha é nossa. A situação descrita acerca da águia pode ser apenas uma lenda, sem embasamento científico, mas é um conselho bíblico, pois como diz o salmista: "É Ele quem sacia teus anos de bens e, como a da águia, tua juventude se renova" (Sl 102 (103),5). Deus quer que voemos alto como águias: "Os que põem a sua esperança em Deus renovam as suas forças, abrem as asas como águias, correm e não se cansam" (cf. Is 40,31).

Novamente chamo a atenção para a importância da perseverança (resiliência), virtude daqueles que enfrentam as adversidades com serenidade e coragem, mesmo em condições desfavoráveis, com incertezas e medos, conforme ensina Santo Agostinho: "A verdadeira força consiste em ter a coragem de agir quando se tem grandes medos, dúvidas ou desejos alternativos."

Um exemplo bastante ilustrativo dessa capacidade de superação foi partilhado comigo por uma jovem mãe de Minas Gerais. Casada com um comerciante, levava uma vida razoavelmente confortável. Já eram pais de um menino e, quando deu à luz uma filha, acreditaram que a felicidade estava completa. A menina apresentou desenvolvimento normal durante alguns meses, até que, de repente, começaram a notar que havia algo errado com a criança, pois parecia desaprender algumas coisas básicas.

Chegaram a consultar diversos médicos na cidade, mas nenhum conseguiu chegar a um diagnóstico. O problema se agravou, e a criança regrediu ainda mais. Desesperados, começaram a dispor dos bens em busca de tratamento para a filha. Por causa das constantes viagens, o marido acabou perdendo o comércio. Em seguida, tiveram de se desfazer da casa.

Em Belo Horizonte, depois de alguns exames específicos, uma médica diagnosticou a ocorrência de degeneração cerebral, uma doença irreversível na qual o cérebro vai perdendo as funções até ficar completamente inutilizado.

Contou-me essa mãe que um dia estava sentada à porta de casa com a criança no colo, quando uma vizinha aproximou-se e recomendou que acompanhasse o programa *Experiência de Deus* pela rádio local. Ela seguiu o conselho devotamente e, com o tempo, as coisas começaram a melhorar. O marido retomou o trabalho, e ambos recuperaram os bens perdidos.

Em relação à criança, não houve cura, porém foi justamente isso o que mais me chamou a atenção, pois, mesmo assim, essa filha de Deus e seu marido encontraram forças para enfrentar o problema, o que pode ser comprovado pela seguinte declaração: "Nós aprendemos a respeitar a doença de nossa filha, adaptamo-nos à realidade para proporcionar a melhor qualidade de vida e dar a ela todo o carinho no tempo de vida que ainda tem. Estamos muito mais unidos, fortalecidos e em paz."

Isso é a verdadeira perseverança (resiliência), que se opõe totalmente à acomodação ou à simples aceitação e se caracteriza pelo adaptar-se à situação lutando pela melhora e, sobretudo, conseguindo extrair algo bom — no caso deles, união, força e paz — de um grande sofrimento.

Elias, personagem bíblico, era um profeta corajoso, desafiou 450 homens e os venceu. Ele passou a fio de espada os profetas de Baal, a ponto de o rio ficar vermelho, e teve coragem de propor um desafio em público. Disse: "Vocês, sacerdotes, coloquem novilhos e lenha seca sem fogo, e eu colocarei um novilho sobre a lenha sem fogo. Invocareis, depois, o nome de vosso deus, e eu invocarei o nome do Senhor. O deus que ouvir, enviando fogo, Este é o Deus verdadeiro" (cf. 1Rs 18,23-24).

Os profetas de Baal clamaram e dançaram dobrando os joelhos diante do altar, fizeram incisões no próprio corpo, entraram em transe, e nada. Elias, com a maior segurança, simplesmente confiante no Senhor, pediu, antes de rezar, que jogassem várias talhas de água sobre o holocausto e a lenha, sabedor que a lenha molhada não permite a proliferação do fogo. Mas, ainda assim, pediu para tomarem tal providência, tamanha era sua confiança no Senhor. E acrescentou as palavras: "Sou Vosso servo e por Vossa ordem fiz todas estas coisas." E o fogo consumiu o holocausto e a lenha molhada (1Rs 18,26-39).

Ele também profetizou sobre o final do período de seca e a chegada da chuva (1Rs 18,41-46). Mais adiante, encontramos no texto o que lhe aconteceu após esse episódio. Diante da ameaça de Jezabel — "Que os deuses me façam este mal e acrescentem este outro, se amanhã a esta hora eu não tiver feito de tua vida o que fizeste da vida deles!" (1Rs 19,2) —, Elias fugiu para o deserto (1Rs 19,3-16).

Já vimos que ele era corajoso, confiava e obedecia a Deus. Então, o que teria acontecido? Também não era uma pessoa deprimida, mas acabou tomado pela depressão. O que levou a isso?

Provavelmente, fatores externos, adversidades que estavam causando um sofrimento emocional muito grande e desencadearam o que os especialistas chamam de depressão reativa. Os sintomas: isolamento — "Elias teve medo" (1Rs 19,3) —; cansaço e sonolência — "Fez pelo deserto a caminhada de um dia e foi sentar-se debaixo de um junípero" —; desânimo e vontade de morrer — "Agora basta, Iahweh! Retira-me a vida, pois não sou melhor que meus pais" (1Rs 19,4).

Em síntese, Elias sentiu-se só, triste, perseguido, frustrado, estressado, desanimado, humilhado, sem perspectivas. Considerava-se inútil depois da queda pública de Baal, da morte de seus profetas e do fim da idolatria, acreditando que sua missão havia acabado.

Mas Deus, em Sua sabedoria, fez uma terapia de restauração e curou Elias. Primeiro, providenciou alimento: "Abriu os olhos e eis que, à sua cabeceira, havia um pão cozido sobre pedras quentes e um jarro de água." Depois, deixou que ele dormisse: "Comeu, bebeu e depois tornou a deitar-se" (1Rs 19,6). Mais tarde, foi a vez do exercício físico: "Elias levantou, comeu novamente e andou quarenta dias e quarenta noites até a montanha de Deus, o Horeb" (cf. 1Rs 19,8).

No entanto, ao chegar lá, Elias confinou-se numa gruta, dentro da caverna. Inabalável em Seu propósito, Deus deu prosseguimento ao processo de cura psíquico-espiritual, estimulando Elias a falar, enfrentar seus próprios medos e colocar para fora aquilo que o estava amargurando: "Que fazes aqui, Elias?" E Elias desabafou com Deus: "Eu me consumo de ardente zelo pelo Senhor dos Exércitos, porque os filhos de Israel abandonaram Tua aliança, derrubaram Teus altares e mataram Teus profetas a espada. Fiquei somente eu, e procuram tirar-me a vida" (cf. 1Rs 19,9-10).

A depressão abalou sua fé, sua confiança em Deus, e Elias estava escondendo-se de suas responsabilidades de profeta. Então, Deus se revela a Elias: ele vai sentir Sua presença na brisa suave. Ainda assim, o que Elias fez? Cobriu o rosto e voltou para a entrada da gruta (cf. 1Rs 19,11-13).

Deus questiona novamente Elias, para fazê-lo entender que a caverna não é o seu lugar, e direciona o caminho que deve seguir, ou seja, sua missão: "Vai, retoma teu caminho na direção do deserto de Damasco. Irás ungir Hazael como rei de Aram" (1Rs 19,14-15).

Podemos observar que a terapia de Deus não foi algo extraordinariamente complicado, caracterizando-se por passos simples, como boa alimentação, sono, exercício, desabafo, enfrentamento dos medos, atenção à Sua Palavra e acatamento dos novos caminhos indicados por Ele. Depois disso, Elias saiu da caverna, renovado.

Obviamente, não foi fácil, como não o é em nossa vida, mas a superação revela-se possível. Este é o caso da Ana, de Recife, que nos enviou a seguinte partilha:

"Quero agradecer primeiramente a Deus pela superação de uma depressão profunda.

Padre, eu passei muito tempo mergulhada numa tristeza que me fez perder a vontade de viver e até mesmo de sair de casa. Eu só queria ficar dentro do quarto, de preferência no escuro, sem ver ninguém, chorando e sofrendo.

Era uma dor tão grande que, por várias vezes, tentei tirar minha própria vida.

Padre, não foi fácil reagir e conseguir força para lutar. A minha vida e a de meus familiares eram um inferno, mas hoje, graças aos medicamentos e às novenas que minha família fez por mim, estou curada dessa terrível doença. Padre, com a orientação do médico, estou deixando de tomar os medicamentos.

Louvo e agradeço a Jesus Misericordioso por essa graça!"

É exatamente essa a cura psíquica e espiritual, aliada a medicamentos, que proponho.

Salmo 60 (61)

2. Ó Deus, ouve o meu grito, atende à minha prece!
3. Dos confins da terra eu Te invoco com o coração desfalecido.
4. Eleva-me sobre a rocha! Conduze-me! Porque és um abrigo para mim, torre forte à frente do inimigo.
5. Vou habitar em Tua tenda para sempre, abrigar-me ao amparo de Tuas asas.
6. Pois Tu, ó Deus, ouves os meus votos, e me dás a herança dos que temem o Teu nome.
7. Acrescenta dias aos dias do rei, sejam seus anos gerações e gerações.
8. Permaneça sempre em presença de Deus, e Amor e Fidelidade o protejam.
9. Assim eu tocarei ao Teu nome sem cessar, dia por dia cumprindo meus votos.

Glória ao Pai, ao Filho e ao Espírito Santo, como era no princípio, agora e sempre. Amém.

Superação

PARTE 2

Superação

A partir desta etapa, apresentarei caminhos para nos restabelecermos na vida, partindo do princípio de que nos desintegramos e entramos em depressão emocional, afetiva e social quando acionados gatilhos de fatos conflitantes tanto em âmbito pessoal quanto profissional.

Ao desenvolver seu estudo sobre o assunto, Santo Tomás de Aquino prescreveu tratamento da depressão que parte do princípio de que "todo o prazer traz alívio para qualquer tipo de tristeza" (Suma Teológica, I-II, q. 38, a. 5, ad 2). O prazer a que o doutor Angélico se refere não tem a ver com o conceito atual atribuído a essa palavra, mas com algo que efetivamente proporcionará um bem. São três as ações propostas para combater a depressão:

- A solidariedade dos amigos

"Quando uma pessoa está em sofrimento, é natural que a simpatia de um amigo lhe traga consolação" (Suma Teológica, I-II, q. 36, a. 3).

- A contemplação da verdade

Segundo ele, "o maior de todos os prazeres consiste na contemplação da verdade. Ora, todo o prazer alivia a dor, como acima foi dito. Logo, a contemplação da verdade ameniza a dor e o sofrimento, e tanto mais perfeitamente quanto mais se é um amante da sabedoria. E, portanto, no meio das tribulações, os homens se regozijam na contemplação das coisas divinas e da futura felicidade" (Suma Teológica, I-II, q. 38, a.4).

- Banho e sono

"Tudo o que devolve a natureza corporal ao seu devido estado de movimento vital opõe-se à tristeza e alivia-a" (Suma Teológica, I-II, q. 38, a.5).

Parecem coisas simples, mas fazem todo o sentido, por mais que os sentidos de quem está sofrendo de depressão ou qualquer outro mal de origem emocional não correspondam.

Acredite, há uma saída, nem que seja uma pequena chama no fim do túnel. Não é nenhuma fórmula mágica, não é da noite para o dia, não é sem esforço pessoal e familiar, mas em Deus e com Deus há um caminho de restauração.

Jesus chamou Tomé, aquele que leva o nome de um incrédulo, e disse: "Eu sou o caminho, a verdade e a vida" (Jo 14,6). Ao enumerar essas três dimensões, Ele consegue sintetizar o processo de humanização, divinização, santificação e cura. Em outras palavras, mostra como uma pessoa pode fazer um processo de cura do homem todo e de todo homem, porque a grande meta de Jesus é que o homem todo e todo homem fosse perdoado, regenerado, curado n'Ele, que é o caminho, a verdade e a vida.

Jesus confirma ser o caminho para todos aqueles que, de fato, querem chegar ao Pai, e diz: "Ninguém vem ao Pai senão por mim" (Jo 14,6). Como diz em outro momento, Ele é a "porta estreita", ou seja, a porta difícil de atravessar. Porém, para passar por Jesus, é necessário entender Sua proposta. O caminho significa seguir Seus passos e assumir as consequências do discipulado, entre as quais estão resignar-se, esvaziar-se de si mesmo, obedecer a Deus, aceitar a perseguição, carregar a cruz.

O caminho é Jesus Cristo, que também é a verdade. Quando Jesus esteve diante de Pilatos, este perguntou: "O que é a verdade?" Jesus nada respondeu, porque nunca entenderiam Sua resposta, pois a verdade era Ele mesmo, que estava diante de Pilatos. Qualquer palavra de Jesus geraria mais discurso, teologia, doutrina, e feriria o que Ele disse: "Eu sou a verdade." Então, Jesus não respondeu. Jesus é a verdade que nós, como cristãos, somos chamados a encontrar.

Hoje, nós vivemos em meio a muitas mentiras, pseudofelicidades, fascinações. Palavras são ditas com malícia, interesses são escondidos, atitudes duvidosas tomam conta do nosso dia. Então, o que é a verdade, senão aquilo que encontramos na Palavra de Deus, nos ensinamentos de Jesus Cristo, nas Suas ações? Não raro, a verdade é aquela que se contrapõe à verdade do mundo.

Estamos no mundo, mas não somos do mundo, e a verdade é colocada diante de cada um de nós, para que não erremos em nossas opções e decisões.

A verdade, que é Jesus, leva-nos a fazer o caminho certo, que também é Jesus, e a não recuar.

Por fim, "Eu sou a vida", disse Jesus, e a esse respeito vou relatar aqui uma partilha que me deixou muito pesaroso e preocupado. Em meu programa de rádio, uma filha de Deus abriu seu coração e disse que, durante um ano, esteve apaixonada por um presidiário, o que em si não é motivo de condenação, contudo começou a transportar drogas para ajudá-lo a conseguir dinheiro, transformando-se no que a gíria policial chama de “mula”. Largou a faculdade, o emprego, até mesmo sua família e foi esmolar na rua, como ela disse, para conseguir dinheiro. A própria família do presidiário pediu que ela esmolasse para alimentar o vício dele, que, a essa altura, infelizmente já era dela também.

Ao contrário do que podia parecer, Deus não a havia abandonado, tanto que depois de um ano e cinco meses, com sua fé fortalecida pela Palavra ouvida diariamente, ela conseguiu libertar-se. Entendeu que aquela situação não era o caminho nem a verdade, tampouco a vida que desejava, e conseguiu dar um basta.

Esse exemplo mostra claramente que, quando perdemos a vida plena de Deus, tornamo-nos prisioneiros de nossas paixões. Mas, de novo, enfatizo a afirmação “Eu sou a vida”, feita por Jesus, lembrando que na vida por Ele proposta somos muito mais livres e donos de nós mesmos. A vida em Cristo é liberdade diante de nossos próprios apetites, paixões e vícios, por isso nos leva à humanização e à santificação.

Caminho, verdade e vida são, portanto, três palavras que nós não deveríamos escrever, mas tatuar em nossos corações, em nossa mente, em nossa alma, um modelo de discipulado e de vida.

Aproveito essas três palavras para apresentar um processo de reerguimento e renovação, mas não exatamente na ordem original em que Jesus as elencou. Assim, começarei pela “Verdade”, pois é a primeira a ser buscada. Uma vez encontrada, ela nos conduz ao “Caminho” e, por conseguinte, à “Vida”, que também é o próprio Jesus Cristo.

Capítulo 6
"A Verdade"

"Somente a liberdade que se submete à Verdade conduz a pessoa humana ao seu verdadeiro bem."

Ao perceber que seu ideal de felicidade está de alguma forma comprometido, o ser humano acaba por preencher seu vazio com expectativas de realizações imediatas e factuais que geram frustração e medo a longo prazo. A saída é aprendermos a resgatar a essência e a plenitude natural de nossa condição humana, fazendo com que reencontremos a força vital da existência.

O relativismo dos valores morais e éticos, tantas vezes denunciado pelo Santo Padre, o Papa Bento XVI, leva o ser humano à desorientação e à desestruturação interior profunda. A perda da referência de certo e errado, verdadeiro e falso, valoroso e fútil coloca o homem moderno num relativismo em relação à sua própria razão de existir e ser.

Faz-se necessário, portanto, restabelecer alguns valores fundamentais, que funcionam como verdadeiras âncoras da alma quando ela estiver mergulhada no mar revolto de sentimentos confusos e dolorosos.

São valores ou verdades que não estão sujeitos ao nosso querer, muito menos são influenciados pelos modismos de cada época. Refiro-me ao Decálogo, Lei Divina ou Lei de Deus, na qual constam os Dez Mandamentos, entregues por Deus a Moisés no monte Sinai.

O Sumo Pontífice, agora beato, João Paulo II, na encíclica *Veritatis splendor* ("Esplendor da Verdade"), destinada a tratar mais ampla e profundamente das questões relativas aos próprios fundamentos da teologia moral, afirma: "Somente a liberdade que se submete à Verdade conduz a pessoa humana ao seu verdadeiro bem. O bem da pessoa é estar na Verdade e *praticar* a Verdade" (*Veritatis splendor*, n. 84). Para ele, a liberdade responsável está vinculada a uma verdadeira liberdade.

O Papa também reafirma a existência da Lei Natural impressa em toda criatura humana, com seus preceitos universais e imutáveis, entre elas não matar, não roubar, não adulterar, não levantar falso testemunho etc., que correspondem exatamente aos Dez Mandamentos. E ressalta, ainda, que a vontade do ser humano não define o bem e o mal, mas o próprio Deus:

> "Só Deus pode responder à pergunta sobre o bem, porque Ele é o Bem. Mas Deus respondeu já a esta pergunta: fê-lo, criando o homem e ordenando-o com sabedoria e amor ao seu fim, mediante a lei inscrita no seu coração (cf. Rm 2,15), a 'Lei Natural'. Esta 'não é mais do que a luz da inteligência infundida por Deus em nós. Graças a ela, conhecemos o que se deve cumprir e o que se deve evitar. Esta luz e esta lei, Deus as concedeu na Criação'" (*Veritatis splendor*, n. 12).

Na referida encíclica, o Papa utiliza-se do diálogo de Jesus com o jovem rico, narrado no Evangelho de São Mateus (cf. Mt 19,16-22). Seu nome não é citado, assim podemos colocar a nós mesmos no lugar do jovem rico, especialmente porque sua pergunta deixa transparecer nosso mais caro anseio: "Mestre, que farei de bom para ter a vida eterna?"

De fato, esse questionamento é meu e seu também. Jesus, por Sua vez, responde mostrando, primeiramente, que só Deus é bom. Essa colocação de Jesus remete-nos à "primeira tábua da Lei" recebida por Moisés, em que reconhecemos Deus como único e verdadeiro, e só a Ele devemos adorar (cf. Ex 20,2-11). Em seguida, garante: "Se queres entrar na vida, observa os mandamentos." Jesus cita ao Seu interlocutor os mandamentos que dizem respeito ao amor do próximo — "Não matarás; não cometerás adultério; não furtarás; não levantarás falso testemunho; honrarás pai e mãe" — e resume esses mandamentos em: "Amarás o teu próximo como a ti mesmo" (CIC 2052).

A terceira determinação de Nosso Senhor foi: "Vem e segue-Me." Por meio dela, está afirmando ser Ele o caminho, ou seja, não há outra maneira de alcançar a vida eterna senão por Seu intermédio.

Diante de Jesus, se tivéssemos coragem de fazer a pergunta "Mestre, o que faço para superar esse mal que me impede de viver em plenitude?", certamente a resposta seria a mesma que deu ao jovem: "Viva os mandamentos."

Os três primeiros mandamentos estão relacionados a Deus, e os demais estão relacionados ao próximo, resumindo-se em uma sentença: "Amarás o teu próximo como a ti mesmo."

A caridade não pratica o mal, como explica São Paulo:

> "A ninguém fiqueis devendo coisa alguma, a não ser o amor recíproco; porque aquele que ama o seu próximo cumpriu toda a lei. Pois os preceitos: Não cometerás adultério, não matarás, não furtarás, não cobiçarás, e ainda outros mandamentos que existam, eles se resumem nestas palavras: Amarás o teu próximo como a ti mesmo. A caridade não pratica o mal

contra o próximo. Portanto, a caridade é o pleno cumprimento da lei" (Rm 13,8-10).

Primeiro mandamento: "Não fazer outro Deus, nem imagem, nem escultura"

"Não terás outro Deus diante de ti, não faças para ti escultura nem figura de alguma coisa. Do céu, debaixo da terra, não sirva outro Deus além de Javé" (cf. Ex 20,3-5).

Qual o sentido deste mandamento?

É bom lembrar que ele está relacionado a um Deus de liberdade. Ao propor "Não terás outro Deus", estava determinando que o povo hebreu não tivesse mais o coração voltado para o Egito ou para o faraó, que os escravizava, enquanto o Deus Javé os libertava. Isso porque qualquer religião ou devoção que nos escraviza não pode ser verdadeira, portanto aquilo que Deus mais condena e menos suporta é o uso da Sua imagem para oprimir os irmãos. Por isso, Jesus também determina o mesmo ao afirmar que não podemos servir a dois senhores (cf. Lc 16,13).

Deus, Aquele revelado por Jesus, que é misericórdia, perdão e amor e, de fato, não nos permite sermos escravos, deve ser amado acima de todas as coisas.

Aqui, cabe fazer uma reflexão: Por acaso, não estamos servindo a dois senhores? Quem é o Deus a quem servimos? Os bens materiais? O dinheiro? O poder? Quem é o falso deus, o bezerro de ouro, diante do qual nos ajoelhamos?

O primeiro mandamento condena o politeísmo (*poli*, muitos; *teísmo*, deus) e toda forma de idolatria (adorar outros deuses), sendo importante lembrar que ter imagens de santos não configura idolatria, pois elas não ocupam o lugar de Deus. As imagens dos santos servem para que busquemos viver as virtudes que eles tiveram. A nossa adoração é única e exclusiva a Deus; aos santos apenas veneramos.

Idolatria é aquilo que em nosso coração ocupa o lugar de Deus. Portanto, o primeiro mandamento é contra colocar outros deuses no lugar de Deus.

Adorar a Deus, orar a Ele, oferecer-Lhe o culto devido, cumprir as promessas fazem parte do primeiro mandamento e, dentro do seu contexto, uma falta mais ou menos grave são as superstições — por exemplo, não passar embaixo de escada, porque isso atrairia azar; usar determinada cor para trazer sorte ou evitar mau-olhado, ter objetos e amuletos supostamente mágicos, entre outras atitudes que colocam à prova em palavras ou atos a bondade e a onipotência divinas. Isso ofende profundamente a Deus, porque ou acreditamos que Ele é Deus, nosso único Senhor, ou acreditamos nessas coisinhas.

Infelizmente, estamos vivendo uma das maiores fases de ateísmo da história, não por uma negação direta de Deus — afinal, toda negação pressupõe uma afirmação —, mas sim pela indiferença. Esta é a pior forma de ateísmo: indiferença ao compromisso de ir à igreja, rezar, vivenciar a Eucaristia e os sacramentos.

Outras faltas graves contra o primeiro mandamento são magia; espiritismo e busca de recursos de mediunidade; simonia, que é a venda de favores divinos, como se fosse possível comprar a graça de Deus; blasfêmias contra Deus e os santos; consulta a Satanás e aos demônios para descobrir o futuro; leitura de horóscopo; necromancia, que constitui a invocação de mortos; missas negras; visita a cartomantes. Tudo isso revela uma vontade de obter poder sobre o tempo, a história e a providência de Deus.

A feitiçaria — pretensão de domesticar os poderes ocultos — também é algo que fere o amar a Deus sobre todas as coisas: "Não vos dirijais aos espíritas nem aos adivinhos: não os consulteis, para que não sejais contaminados por eles. Eu sou o Senhor, vosso Deus" (Lv 19,31).

Em síntese, aquilo que, de alguma forma, coloca Deus em segundo lugar em nossa vida, trocando o amor do Criador pelas criaturas, fere gravemente o primeiro mandamento. Quem ama a Deus cumpre Seus mandamentos e Sua vontade.

O primeiro mandamento é o maior de todos: amar a Deus sobre todas as coisas. Uma pessoa que tem seu coração dividido não tem o amor e a fé centralizados no Deus único e verdadeiro, esvazia-se de valores e virtudes, o que afeta todas as áreas de sua vida, causando insatisfação e frustração.

Vale lembrar que a fé, a esperança e a caridade são três virtudes infusas — ou seja, recebidas no batismo — que nos ajudam a amar a Deus (CIC 2083 a 2141).

Segundo mandamento: "Não pronunciar o nome de Deus em vão"

"Não pronunciarás o nome do Senhor teu Deus em vão; porque o Senhor não deixará impune aquele que pronunciar o Seu nome em vão" (cf. Ex 20,7).

O nome do Senhor é santo, sagrado, mas os judeus nem mesmo o pronunciavam. Em vez de Javé, diziam "Adonai" (Meu Senhor), e faziam isso por respeito.

Não por acaso, este mandamento afirma que não podemos abusar do nome de Deus; devemos guardá-Lo na memória em um silêncio de adoração amorosa. Não faremos uso dele a não ser para bendizê-Lo, louvá-Lo e glorificá-Lo.

Num sentido mais amplo, o segundo mandamento refere-se ao respeito e ao sentimento de consideração para com tudo que é sagrado. O sagrado deve ser sempre honrado e reverenciado.

Lembremos que profanar o sagrado, aquilo que é santo, infelizmente tem ocorrido, como as pessoas que, no momento da comunhão, recebem a Eucaristia das mãos dos Ministros Extraordinários da Sagrada Comunhão e não comungam, guardando-a para usá-la em seus rituais. Exatamente por isso, recomenda-se aos ministros atenção e cuidado redobrados, de forma a garantir que os agraciados com a Eucaristia imediatamente comunguem.

O cristão é chamado a testemunhar o nome do Senhor, confessando sua fé, defendendo com zelo tudo o que ensina a Igreja. São Cipriano de Cartago tem uma frase maravilhosa que revela: "Quem não tem a Igreja por mãe não tem Deus como pai."

O Catecismo da Igreja Católica ensina que o segundo mandamento proíbe o uso indevido do nome de Deus, de Jesus Cristo e das coisas sagradas.

A blasfêmia, que é um pecado grave contra o segundo mandamento, consiste em proferir para si mesmo ou em voz alta palavras de ódio, ofensa e desafio contra Deus.

A proibição da blasfêmia estende-se a tudo o que é divino.

Deus chama cada um por seu nome, por isso o nome de cada pessoa é sagrado e exige respeito em sinal da dignidade de quem o leva. O nome recebido é eterno. No Reino, o caráter misterioso e único de cada pessoa marcada com o nome de Deus resplandecerá, em plena luz: "Ao vencedor darei uma pedrinha branca na qual está escrito *um nome novo*, que ninguém conhece, exceto aquele que o recebe" (Ap 2,17).

O nome de Deus não foi feito para ser mencionado e manipulado de forma indevida. Por exemplo, há pessoas que atribuem nomes de santos a locais de comércio, como lojas, bares, fazendo deles um ambiente de exploração. Isso fere o segundo mandamento.

Em relação ao uso do nome de Deus em uma mentira, ou seja, jurar em nome de Deus sobre algo que não é verdadeiro, Jesus também condenou no Sermão da Montanha: "Ouvistes o que foi dito pelos antigos, não perjurarás, mas cumprirás teus juramentos para com teu Senhor. Eu, porém, vos digo: 'Não jureis em hipótese alguma; sim quando é sim, não quando é não, o que passa disso vem do maligno'" (cf. Mt 5,33ss).

Ninguém gosta de ser enganado, ainda mais quando isso é feito em nome de Deus. Outro exemplo de ofensa ao segundo mandamento é o que ocorre na época das eleições, quando alguns candidatos utilizam a religião e Deus como testemunhas de algo que até podem ter a intenção de fazer, mas, depois de eleitos, não cumprem.

Terceiro mandamento: "Guardar os domingos e festas religiosas"

O texto do Êxodo recomenda: "Lembra-te de santificar o dia de sábado. Trabalharás durante seis dias, e farás toda a tua obra. Mas, no sétimo dia, que é um repouso em honra do Senhor, teu Deus, não farás trabalho algum, nem tu, nem teu filho, nem tua filha, nem teu servo, nem tua serva, nem teu animal, nem o estrangeiro que está dentro de teus muros" (Ex 20,8-10).

O dia de sábado, no Antigo Testamento, lembrava a libertação e a partida do povo de Israel do Egito até a Terra Prometida. Porém, a nossa fé segue as diretrizes do Novo Testamento, que recorda a Páscoa de Jesus e a Sua ressurreição no domingo.

Desde a época dos apóstolos, a Igreja guarda o domingo como o Dia do Senhor, pois foi quando Ele ressuscitou.

"Tendo ressuscitado na madrugada do primeiro dia da semana, Ele apareceu primeiro a Maria Madalena" (Mc 16,9).

Enquanto "primeiro dia", o dia da Ressurreição de Cristo lembra a primeira criação. Enquanto "oitavo dia", que segue ao sábado, significa a nova criação inaugurada com a Ressurreição de Cristo. Para os cristãos, ele se tornou o primeiro de todos os dias, a primeira de todas as festas, o Dia do Senhor (*"Hé kyriaké hemera"*, *"dies dominica"*), o domingo (CIC 2174).

São Justino, já no século II, dizia: "Reuníamo-nos todos no dia do sol, porque é o primeiro dia, dia em que Deus, extraindo a matéria das trevas, criou o mundo, e neste dia Jesus Cristo, nosso Salvador, ressuscitou dos mortos" (Apologia 1,67).

O Catecismo da Igreja Católica explica: "Guardar significa preservar para Deus. Guardar no sentido de não se ocupar com outras coisas que nos impeçam de fazer o devido descanso, o devido repouso, e, neste repouso, dedicar-se à oração" (CIC 2180).

A Igreja entende que, aos domingos e nos outros dias de festa e de preceito, os fiéis têm obrigação de participar da missa. E satisfaz esse dever quem aceita a missa celebrada no rito católico no dia de festa ou na tarde do dia anterior. Por isso, a liturgia do sábado à noite já é a do domingo.

Continua o Catecismo da Igreja Católica: "Por isso, os fiéis são obrigados a participar da Eucaristia nos dias de preceito, a não ser por motivos muito sérios que justifiquem a ausência, por exemplo, doença grave, cuidados com bebês ou se forem dispensados pelo próprio pastor. Aqueles que deliberadamente faltam à obrigação da missa dominical cometem pecado grave" (CIC 2281).

O domingo também deve ser dedicado a "boas obras", como evangelização, catequese, caridade, serviço aos doentes e aos idosos. É, ainda, o dia de ir à missa, visitar os parentes, descansar, dedicar-se à reflexão.

A Igreja pede isso, porque no dia a dia fazemos parte de uma engrenagem que praticamente se move sozinha e nos esquecemos de nossa natureza de carne e osso, ou seja, não somos robôs. Nesse sentido, o domingo não é um dia indicado para dedicar-se a trabalho extra, o popular "bico". O ser humano precisa de descanso, pois disso depende o seu equilíbrio.

O domingo é o dia de ficar com a família, fazer as refeições na companhia de todos, sem ter pressa de levantar para sair correndo. É o dia de ter os filhos em volta da mesa e conversar longamente. Rir com pessoas queridas. Infelizmente, isso é algo que está faltando na maioria dos lares. Onde estão aqueles pais e avós que gostavam de contar "causos"? Apesar da intimidade, as pessoas que convivem sob o mesmo teto sabem muito pouco umas sobre as outras.

Infelizmente, há profissionais que necessitam trabalhar aos domingos e, às vezes, não por opção própria, e sim para cumprir ordens, então a Igreja aconselha: busque outro dia de repouso e oração. Por outro lado, a Igreja também alerta os patrões quanto à sua obrigação de conceder o descanso necessário aos empregados, ao menos para irem à missa no domingo.

Santa Catarina de Sena ressalta a importância da Eucaristia ao afirmar: "Na comunhão, o homem se acha em Deus e Deus no homem, assim como o peixe no mar e o mar no peixe." São Pio de Pietrelcina, por sua vez, disse: "Seria mais fácil a terra existir sem o sol que sem o eterno sacrifício da Santa Missa."

Como sempre enfatizo, o dia santo — por exemplo, a Sexta-Feira Santa — não é um feriadão para viajar, e sim um dia para nos dedicarmos à oração e à reflexão sobre o gesto de amor de Jesus por nós, Sua Paixão e morte na Cruz.

Como domingo é o Dia do Senhor, toda pessoa tem o direito de usufruir do descanso durante o seu transcorrer, bem como o dever de dedicar pelo menos uma hora para louvar o Senhor e, em família, participar da mesa sagrada. Esse exercício de fé e o descanso merecido fortalecem a pessoa para iniciar uma semana e enfrentar renovada tudo o que possa acontecer.

Comentarei mais adiante sobre o lazer, especialmente o descanso em família como um valor e preceito divino que cura.

Quarto mandamento: "Honrar pai e mãe"

"Honra teu pai e tua mãe, para que se prolonguem teus dias na terra que Javé, teu Deus, te dá" (cf. Ex 20,12).

"Honra teu pai e tua mãe para que se prolonguem teus dias na terra" (cf. Dt 5,16).

No Evangelho de São Lucas, encontramos o seguinte texto a respeito de Jesus: "Em seguida, desceu com eles a Nazaré e lhes era submisso. Sua mãe guardava todas estas coisas no seu coração. E Jesus crescia em estatura, em sabedoria e graça, diante de Deus e dos homens" (Lc 2,51-52).

Esse mandamento expressa deveres a cumprir de uma forma muito positiva. Não deixa de ser um respeito à vida. Refere-se diretamente ao comportamento dos filhos em suas relações com o pai e a mãe e também quanto ao parentesco com outros integrantes da família.

Honrar pai e mãe significa prestar honra, afeto. Portanto, implica também dar afeto e reconhecimento aos avós e antepassados. Também pode ser estendido aos deveres do aluno para com o professor, do empregado para com o patrão.

Cumprir nossos deveres com aqueles que nos educam, como pais e tutores, gera frutos espirituais e temporais valiosos, como paz e prosperidade. Já a não observância desse mandamento traz danos à família, que por si só é um valor. A família é a célula da vida social, portanto pode ser considerada sagrada.

Isso faz com que nossa conduta dentro da família implique cuidado, zelo, e um exemplo que gosto de citar é a responsabilidade com os mais velhos. Pode parecer clichê, mas lugar de idoso não é no asilo, e sim no convívio familiar. Por mais humildes que a família e o lar sejam, são as referências do idoso e, caso elas desapareçam, também ele acabará perdendo seus laços afetivos, sua história e, fatalmente, a vontade de viver.

Um asilo, por melhor que sejam suas instalações e os cuidados nele ministrados, não substitui o aconchego do lar e a atenção dos familiares. Por isso, é muito importante que os idosos sejam mantidos no ambiente familiar e tenham o respeito das gerações mais novas. Se possível, devem ser estimulados a desenvolver pequenas atividades que estejam ao seu alcance e ajudem na rotina familiar. Assim, eles se sentirão úteis e valorizados na dignidade de sua idade cronológica. Infelizmente, por uma questão cultural, em nossa sociedade a sabedoria dos idosos é desprezada, quando deveria ser aproveitada como exemplo de vida.

Lembremos que o quarto mandamento é uma luz em meio a um mundo encoberto por sombras profundas. A família, em si, é a garantia de uma sociedade saudável.

Da parte dos filhos, os principais deveres são respeito filial aos pais, docilidade, obediência, respeito aos seus preceitos e instruções.

A Palavra de Deus diz: "Guarda, filho meu, os preceitos de teu pai, não desprezes o ensinamento de tua mãe. Traze-os constantemente ligados ao teu coração e presos ao teu pescoço. Servir-te-ão de guia ao caminhares, de guarda ao dormires, e falarão contigo ao despertares" (Pr 6,20-22). E ainda: "Um filho sábio escuta a disciplina do pai, e o zombador não escuta a reprimenda" (Pr 13,1).

Enquanto um filho viver na casa dos pais, deve obedecer-lhes: "Filhos, obedecei em tudo a vossos pais, porque isto agrada ao Senhor" (Cl 3,20).

Os pais, por sua vez, devem visar ao bem dos filhos e da família. São os primeiros responsáveis pela educação da sua prole e não podem passar essa responsabilidade a outros. Ao mesmo tempo, devem lidar com os seus descendentes não como pertencentes a si, mas como filhos de Deus, respeitando-os na sua condição de seres humanos.

Considerando que o lar é um ambiente natural para toda pessoa, é função dos pais difundir preceitos de solidariedade e cidadania e evangelizar os filhos. A educação para a fé deve começar na mais tenra infância, uma vez que a criança não deve ser provida apenas nas necessidades físicas, mas também nas espirituais.

A relação entre pais e filhos é de vital importância, porque é respeitando os pais que aprendemos a respeitar outras pessoas. Os filhos têm deveres com os pais, e estes com os filhos, ou seja, o amor e o respeito devem ser recíprocos. Muitas feridas emocionais são resultado da não observância desses valores e acabam gerando sérios bloqueios vida afora.

Quinto mandamento: "Não matar"

"Ouvistes o que foi dito aos antigos, disse Jesus: Não matarás, mas quem matar será castigado pelo juízo do tribunal. Mas eu vos digo: todo aquele que se irar contra seu irmão será castigado pelos juízes" (cf. Mt 5,21-22).

O quinto mandamento se aplica ao homicídio voluntário, à legítima defesa, ao aborto, à eutanásia e ao suicídio.

Cada um é responsável por sua vida diante de Deus, pois foi Ele quem a deu para nós. Portanto, a vida tem Deus como seu único soberano. Devemos recebê-la com reconhecimento por Aquele que a criou e preservá-la.

Sendo assim, o suicídio contradiz a inclinação natural do ser humano, porque somos "administradores" e não "proprietários" da vida, e devemos conservá-la e perpetuá-la. Quando ocorre, em geral é motivado por distúrbios psíquicos graves, que, por sua vez, geram sentimentos como angústia, medo, desespero, os quais podem ultrapassar a barreira do suportável e levar seu portador a atentar contra a própria vida. Deus, na Sua infinita misericórdia, irá avaliar o que levou a pessoa, naquele momento, a cometer suicídio.

Muitos casos de depressão têm sua origem em gestos e palavras que causaram tantos traumas e sofrimentos que acabam levando a pessoa a esse ato extremo. Como Nosso Senhor Jesus Cristo bem salientou, a ira, a raiva, a violência e a má palavra são formas de acabar com uma pessoa mais lentamente, contudo revelam-se tão letais quanto uma arma ou um veneno.

O Catecismo da Igreja Católica afirma: "Não se deve desesperar da salvação das pessoas que se mataram. Deus pode, por caminhos que só Ele conhece, dar-lhes ocasião de um arrependimento salutar. A Igreja ora pelas pessoas que atentaram contra a vida" (CIC 2283).

O mandamento "Não matarás" indica que a vida é sagrada, porque desde a sua origem encerra a ação criadora de Deus. Não podemos matar, porque só Deus é dono da vida, do começo ao fim. Ninguém, em nenhuma circunstância, pode reivindicar para si o desejo de destruir a vida de um inocente.

Neste quinto mandamento, devemos entender que a legítima defesa não é uma exceção à proibição de matar um inocente. A ação de defender-se pode acarretar um duplo efeito, o de defender-se para conservar a própria vida e o da morte do agressor.

O amor a si mesmo permanece como um princípio fundamental da moralidade, portanto quem defende a sua vida não é culpável de homicídio, ainda que a consequência seja a morte do agressor. O princípio que antecede todos os outros é, de fato, a defesa da própria vida.

O quinto mandamento considera como gravemente pecaminoso o homicídio direto e voluntário, o que inclui o assassino e aqueles que cooperam voluntariamente com sua ação. Além disso, proíbe qualquer intenção de provocar, mesmo que indiretamente, a morte de uma pessoa. Assim, todo negócio ou prática mercantil que leve à fome e, por conseguinte, à morte de semelhantes é tida como homicídio.

Na atualidade, há uma prática muito recorrente, amplamente divulgada pelos meios de comunicação, que fere gravemente os ditames do quinto mandamento, que é a produção de embriões humanos em laboratório para serem explorados como material biológico disponível por meio das chamadas células-tronco. Partindo do princípio cristão católico de que o embrião é vida, o documento da Igreja Católica *Donum vitae* faz a seguinte consideração:

"É imoral produzir embriões humanos destinados a serem explorados como material biológico disponível" (I 5,84). Na mesma direção, o Catecismo da Igreja ensina que "essas manipulações são contrárias à dignidade pessoal do ser humano, à sua integridade e à sua identidade única, não reiterável" (CIC 2275).

Outro problema sério que atinge diretamente o quinto mandamento, e a Igreja classifica como "cultura da morte", é o aborto. Trata-se de um pecado contra esse mandamento, porque, à luz da Palavra e dos nossos valores, a vida se faz inteira já na sua concepção. Não se trata de um objeto, mas de um ser, uma pessoa, um filho de Deus. Sobre isso, a Didaqué ensina: "Não matarás o embrião por aborto e não farás perecer o recém-nascido" (Instrução dos Doze Apóstolos 2,2).

Deus, Senhor da vida, confiou aos homens o nobre encargo de preservá-la com o máximo cuidado desde a concepção. Por isso, o aborto é um crime abominável.

O diagnóstico pré-natal para detecção de doenças genéticas é lícito, mas nada pode justificar o aborto.

O mesmo se dá em relação à eutanásia. A vida deve seguir os desígnios de Deus; portanto provocar a morte de um ser humano, seja de forma direta, com uso de injeção letal, overdose, seja de maneira indireta, por meio da suspensão do tratamento e do fornecimento de água, oxigênio e alimentação, com o intuito de apressar ou causar a morte, é moralmente inadmissível. Por outro lado, a interrupção de procedimentos médicos caros, perigosos e desproporcionais, concedendo ao doente uma morte digna, sem sofrimento — conduta denominada cientificamente como ortotanásia — pode ser considerada legítima.

Sexto mandamento: "Não cometer adultério"

"Ouvistes que foi dito aos antigos: Não cometerás adultério. Eu, porém, vos digo: todo aquele que lançar um olhar de cobiça para uma mulher já adulterou com ela em seu coração. Se teu olho direito é para ti causa de queda, arranca-o e lança-o longe de ti, porque te é preferível perder-se um só dos teus membros a que o teu corpo todo seja lançado na geena. E se tua mão direita é para ti causa de queda, corta-a e lança-a longe de ti, porque te é preferível perder-se um só dos teus membros a que o teu corpo inteiro seja atirado na geena. Foi também dito: Todo aquele que rejeitar sua mulher, dê-lhe carta de divórcio. Eu, porém, vos digo: todo aquele que rejeita sua mulher a faz tornar-se adúltera, a não ser que se trate de matrimônio falso; e todo aquele que desposa uma mulher rejeitada comete um adultério" (Mt 5,27-32).

A Palavra de Deus é clara sobre o que está no plano ideal da Criação, portanto o matrimônio, o comportamento sexual, a formação da família, os valores pelos quais lutamos têm de seguir esse mesmo referencial. Por mais que a sociedade tenha permitido o divórcio, ele não pode ser o ideal de vida de um casal.

Pessoalmente, defendo a tese de que entre o ideal revelado por Jesus, que todo cristão deve perseguir, e o que a realidade dos fatos impõe, temos de buscar o caminho do bom senso. A maioria das pessoas, no entanto, incorre insistentemente em dois erros. O primeiro é achar que, estando no segundo matrimônio, uma vez que não podem comungar nem confessar, já se encontram automaticamente excomungados e destinados ao inferno. Então, levam a vida do jeito que der; se a relação fluir, está bom, se não, tudo bem do mesmo jeito.

O segundo erro é acreditar que tudo é permitido em nome da felicidade. Vão-se envolvendo pessoas e, não obstante, não há esforço no sentido de descobrir o que realmente gera a insatisfação e o vazio que precisa ser preenchido. Acomodada, a pessoa não se modifica e, na primeira crise, termina a relação e já parte para a próxima sem que haja a cura interior.

Na verdade, sem querer parecer pessimista, as pessoas que não souberam construir a felicidade no primeiro casamento provavelmente se queixarão do mesmo problema no segundo, no terceiro, no quarto e em quantos outros relacionamentos tiverem.

Ambas as condutas estão equivocadas. Se não deu certo no primeiro relacionamento, é preciso esforçar-se em dobro no segundo, investindo em princípios como fidelidade, respeito e companheirismo, caso contrário uma pessoa pode passar a vida inteira sem se encontrar na esfera afetiva.

Ainda no contexto do segundo matrimônio, é muito importante procurar levar a vida na presença de Deus, pois o fato de não poder confessar e comungar não exclui o casal da misericórdia divina. Vale lembrar também que a conduta exemplar e a caridade cobrem uma multidão de pecados.

O sexto mandamento enfatiza, ainda, a pureza, isto é, não pecar contra a castidade. Devemos ver a sexualidade como um dom, um presente de Deus. Se não fosse algo desejado pelo Pai, o ser humano poderia procriar de forma diferente, com as crianças nascendo em árvores, por exemplo. Mas, não. Deus quis, em Sua onisciência e Sua onipotência, que houvesse amor, prazer, fecundação, criação e vínculos de comunhão.

Isso significa que a sexualidade faz parte da vida das pessoas, pois está relacionada à dimensão corporal, biológica, que nos torna verdadeiramente humanos. Por outro lado, para que seja vivenciada corretamente, é necessária uma aprendizagem, que implica o domínio dos próprios impulsos, e é aí que se encaixa a virtude da castidade. Trata-se de um trabalho a longo prazo; não é de um dia para outro que alguém se torna casto.

Ao contrário do que as pessoas imaginam, a castidade não tem a ver apenas com os integrantes da Igreja Católica, apresentando-se em três níveis: a dos esposos, a da viuvez e a da virgindade.

A propósito do que propõe o sexto mandamento, vou deter-me na questão da castidade para os casados, que implica a fidelidade do marido para com a esposa e vice-versa e, portanto, está diretamente relacionada à questão do adultério.

A infidelidade conjugal, ou seja, quando ao menos um dos parceiros é casado e estabelece uma relação com uma terceira pessoa, é uma falta grave, pois fere o sinal da aliança, que é o vínculo do matrimônio. Não por acaso, Cristo e todos os profetas são unânimes em condenar essa conduta. Quando a mulher ou o homem comete adultério, está atentando contra a dignidade do companheiro. Do ponto de vista do sacramento do matrimônio, segundo o qual duas pessoas constituem uma só carne, é uma atitude grave, pois prejudica e quebra a aliança.

Na prática, o adultério traz consequências gravíssimas na vida pessoal da própria pessoa que o pratica, porque ela literalmente se divide, e isso tem repercussões negativas tanto no relacionamento amoroso quanto no trabalho e no dia a dia de forma geral.

O adultério também compromete a felicidade dos filhos e destrói a base da confiança familiar. Há quem diga: "O que os olhos não veem o coração não sente." Não é verdade. Mesmo que não haja flagrante, a simples confirmação do adultério deixa uma marca de desolação naquele que foi traído, assim como nos filhos, porque estes também se sentem aviltados ao verem a imagem que construíram do pai ou da mãe, tidos em muitos casos como seu modelo de virtude, desmoronar.

Infelizmente, hoje, existe uma propensão muito maior ao genitalismo, ou seja, uma busca desenfreada pelo sexo casual, o que também favorece o adultério. Embora a essência do homem e a da mulher constituam um todo bem mais complexo, acabam reduzidas à genitalidade, e, nesse contexto, o sexo fora do casamento, a masturbação, a fornicação, a pornografia real e virtual figuram como se fossem práticas naturais, quando, na verdade, o prazer moralmente desordenado provoca a destruição da dignidade humana.

A luxúria é, de fato, uma ofensa grave contra a castidade. Dá-se o nome de luxúria ao desejo desregrado de prazer, quando este é buscado como um fim em si, sem nenhum freio moral e de uma forma quase predatória.

Uma maneira mais branda, porém não menos ofensiva em relação à castidade, é a busca da pornografia, paga de forma tradicional ou exercida por meio da audiência a filmes do gênero em DVD e na internet. Esse tipo de prática desfigura o ato conjugal, que é um momento de doação, entrega, por isso fere a dignidade da pessoa. Os atores, diretores e empresários da indústria pornográfica, por compactuarem com ela, também cometem falta grave.

Os noivos também são convidados a viver a castidade por meio da continência no exercício da intimidade e do respeito mútuo. Assim como o namoro não é o momento para ter relações sexuais, o noivado não implica a permissão para uma vida sexual ativa, sendo um período propício para o aprendizado da fidelidade, do qual faz parte o respeito ao corpo da mulher e ao do homem.

A castidade vivida por continência também faz parte da vida daqueles que sofrem de impotência sexual. Há muitos casais em que o homem se tornou impotente e a esposa, por amor, deixa de ter vida sexual ativa.

Sabe-se que a castidade, ou seja, o domínio dos impulsos, não é algo fácil de alcançar e, nesse processo, existem estágios de evolução. Às vezes, uma determinada fase da vida é mais imperfeita e marcada pelo pecado, mas nem por isso devemos deixar de almejar e de nos esforçar para viver a castidade. Trata-se de uma virtude moral, uma obra espiritual e, como tal, tem de ser trabalhada diariamente por meio da oração e da vivência dos sacramentos. O Espírito Santo concede o dom de imitar a pureza de Cristo (cf. 1Jo 3,3). Em outro texto, encontramos: "O fruto do Espírito é o amor, o gozo, a paz, a longanimidade, a fidelidade e a castidade" (cf. Gl 5,22). Portanto, além de ser fruto do esforço humano, a castidade é dom de Deus e fruto de uma obra espiritual.

Esse mandamento está caindo no esquecimento, e a negligência quanto ao seu ensinamento é justamente um dos gatilhos para que a depressão se instale. Como já foi explicado, não se trata apenas do adultério ou da traição em si, mas da quebra de um pacto pelo qual duas vidas um dia escolheram caminhar juntas.

Diz-se que "ninguém manda no coração", mas está ao alcance de todos resistir, evitar, afastar-se quando sente o primeiro sinal de perigo, tendo sempre em mente a regra de ouro de Jesus: "Não faça aos outros o que você não quer que seja feito a você" (cf. Mt 7,12).

Sétimo mandamento: "Não roubar"

Este mandamento prescreve a justiça e a caridade em relação aos bens terrenos e aos frutos do trabalho dos homens. Exatamente por isso, tem sido muito lembrado nos dias atuais, em que vêm à tona inúmeros casos de corrupção, desvio de dinheiro, extorsão mediante chantagem, entre outros atos ilícitos que chocam toda a população brasileira.

O sétimo mandamento zela pelo bem comum e o respeito aos bens alheios ao proibir roubar e, além disso, ensina que cada pessoa deve e precisa trabalhar honestamente para assim suprir o sustento de sua família.

Na essência, "não roubarás" destaca o valor primordial e a importância do trabalho. O homem é seu autor e destinatário, e, por meio dele, participa da obra da Criação unido a Cristo. O trabalho pode ser redentor, atuando como a sentinela da virtude.

A Palavra de Deus está repleta de condenações ao roubo. A Bíblia coloca com muita clareza uma posição contrária à corrupção e à injustiça contra os mais fracos, especialmente a exploração dos trabalhadores. O apóstolo São Paulo, por exemplo, sentenciou: "Nem os ladrões, nem os avarentos, nem os bêbados, nem os difamadores, nem os assaltantes hão de possuir o Reino de Deus" (1Cor 6,10).

Os profetas, por sua vez, acusaram os que exploravam os irmãos, enfatizando que todo roubo exige reparação na mesma medida.

De fato, "toda forma de apropriação e uso injusto dos bens de outrem é contrária ao sétimo mandamento. A injustiça cometida exige reparação. A justiça comutativa exige a restituição do bem roubado" (CIC 2454).

Aprofundando um pouco mais o conceito de justiça, entramos na questão da responsabilidade social do Estado, incluindo acesso ao trabalho, salários justos etc. Essa responsabilidade significa que tem de haver uma preocupação, acima de tudo, com a pessoa humana e os direitos a serem garantidos para uma vida digna.

Nos dias atuais, muitas pessoas já passaram pela traumática experiência de serem assaltadas. Quando isso ocorre, não é apenas o bem material que é levado, mas também a sua confiança no ser humano. Além disso, a violação da sua intimidade, do seu espaço, do seu direito de ter assegurado aquilo que conquistou com seu esforço, bem como o sentimento de impotência e de insegurança, geram sequelas emocionais que, se não trabalhadas, podem evoluir para problemas psicológicos mais graves, como os já citados neste livro.

Existe, ainda, uma forma diferenciada, não explícita, de a pessoa ser "roubada". Isso ocorre devido à ganância e às falsas promessas de quem se aproveita da humildade, da carência e até do desespero em que muitos se encontram para levar vantagens. Fico pensando se essas pessoas, quando estão sozinhas com sua consciência, não se sentem envergonhadas.

Oitavo mandamento: "Não levantar falso testemunho"

O oitavo mandamento nos lembra o que está escrito no Antigo Testamento: "Não levantarás falso testemunho contra teu próximo" (Ex 20,16).

Igualmente, remete àquilo que Jesus afirma em São Mateus: "Ouvistes ainda o que foi dito aos antigos: 'Não jurarás falso, mas cumprirás para com o Senhor os teus juramentos'" (Mt 5,33).

Esse mandamento proíbe mentir, falsear a verdade nas relações com os outros, e essa proibição moral decorre da vocação do povo santo de ser testemunha de Deus, que é a verdade. As ofensas à verdade se exprimem por palavras, atos ou pela recusa de abraçar a retidão moral: são infidelidades fundamentais a Deus.

O ser humano tende naturalmente para o bem e a verdade, e essa é a base de tudo. Ou seja, a essência do ser humano é boa, embora muitos se deixem levar pelas tentações.

Há ainda aqueles que justificam seus desvios tentando fazê-los parecer inofensivos. Mas será que existe "mentira branca", que não prejudica ninguém? No meu entender, não. Toda mentira tem a mesma cor, que é falsear a verdade. Como ensina a Bíblia, em São Mateus: "Seja o vosso 'sim', sim, e o vosso 'não', não. O que passa disso vem do Maligno" (Mt 5,37).

Os seres humanos não poderiam viver juntos se não tivessem confiança recíproca, quer dizer, se a verdade não fosse um princípio comum. É a existência da verdade que permite o desenvolvimento da confiança.

O discípulo de Cristo deve aceitar e viver na verdade, e isso é fundamental, como afirma São João: "Se dizemos ter comunhão com Ele, mas andamos nas trevas, mentimos e não seguimos a verdade" (1Jo 1,6).

Diante de Jesus Cristo condenado à morte, Pilatos afirmou que lavava as mãos para não se comprometer, mas no fundo estava mentindo, pois ele sabia que era conivente com uma atrocidade. Claro que, conforme o próprio

Nosso Senhor disse, a culpa maior era de quem O havia entregado, mas a conduta de Pilatos o tornava cúmplice.

No Evangelho de São João, Jesus confirma: "Eu vim para dar testemunho da verdade" (Jo 18,37). Da mesma forma, o cristão não pode envergonhar-se de dar uma declaração de fé, pois é a sua verdade, e esta deve ser dita sempre (cf. 2Tm 1,8). Se somos discípulos, temos de nos alinhar com Jesus, que é a verdade. Devemos evitar a mentira, como recomenda São Paulo na Carta aos Efésios: "Renunciai à mentira. Fale cada um a seu próximo a verdade, pois somos membros uns dos outros" (Ef 4,25).

Segundo Jesus, o Diabo é o pai da mentira: "Vós tendes por pai o Diabo e quereis satisfazer o desejo do vosso pai. Quando alguém profere a mentira, fala do que lhe é próprio porque é mentiroso. O Diabo é o pai da mentira" (Jo 8,44).

São Pedro foi categórico quando afirmou que "toda mentira, toda forma de hipocrisia, inveja e maledicência" (1Pd 2,1) tem de ser rejeitada por um discípulo de Jesus.

Um falso testemunho ou perjúrio ocorre quando palavras que não correspondem à verdade são emitidas publicamente. As consequências são graves e, por isso, é considerado um crime passível de punição.

A mentira afirmada diante de um tribunal configura falso testemunho; aquela dita pela pessoa que está sob juramento é perjúrio. Ambas devem ser combatidas, assim como o chamado juízo temerário, que corresponde a uma pseudoverdade dita de forma apressada, sem fundamento suficiente. Isso é muito comum em casos nos quais a investigação ainda não foi concluída, ou seja, não foram produzidas provas consistentes contra determinada pessoa, mas ela já é alvo de acusações. Tal atitude é extremamente negativa e deve ser combatida, porque destrói a imagem da pessoa a partir de um juízo não fundamentado. Também é importante aprender a "filtrar" as informações que nos passam e até investigar se for preciso, pois a injustiça é um dos piores males que um ser humano pode cometer contra outro.

O mesmo vale para a maledicência, quando alguém deliberadamente denigre a imagem de outra pessoa perante os outros. Defeitos todos nós temos e, desde que não afetem a vida alheia, não têm por que serem alardeados aos quatro cantos. Quem faz isso está praticando a maledicência, que, diferentemente do juízo temerário, mas tão abominável quanto este, não possui sequer um motivo que justifique sua ocorrência.

A calúnia, por sua vez, revela-se mais grave que a maledicência, pois distorce a verdade e prejudica a reputação de uma pessoa com falsos juízos. Já a fanfarronice ou jactância consiste no defeito de se gabar com exagero, arrogância, alarde, soberba, ostentação ou ironia malévola. Esta última por si só já é um pecado à parte, porque deprecia as outras pessoas, desmerecendo-as. Dessa forma, a ironia malévola jamais pode ser considerada uma virtude.

O Catecismo da Igreja Católica explica: "A gravidade de uma mentira pode ser medida pela natureza da verdade que deforma, ou seja, mentir em relação a um assunto de vida ou morte é muito mais condenável do que a deturpação de um fato corriqueiro. De forma geral, a mentira é um pecado venial (perdoável), mas torna-se mortal quando fere intensamente a virtude da justiça e da caridade" (CIC 2484). Um exemplo seria a atitude daqueles que desmoralizam ou tentam acabar com a honra de alguém.

Também está relacionada à mentira uma prática muito comum entre as pessoas, tanto em âmbito pessoal quanto profissional, que é a famosa bajulação ou o popular "puxa-saquismo". O desejo de cultivar a amizade ou prestar um serviço não justifica pensar uma coisa e dizer outra só para agradar. A adulação é perdoável quando atende apenas ao intuito de ser gentil, mas pode tornar-se algo mais sério se uma pessoa é cúmplice do vício da outra e não faz nada para impedir isso.

A Igreja pede que a verdade seja vivida plenamente, especialmente no exercício da autoridade civil pelos políticos, pois leva ao bem comum. Portanto, deve-se suprimir o flagelo dos Estados totalitários, que levam à instauração de um sistema de manipulação da informação.

Para aqueles que exercem funções nos meios da comunicação social, como jornalistas, a Igreja ensina o dever de buscar a verdade, a qual deve ser disseminada de tal forma que forme uma consciência crítica. Em outras palavras, é preciso buscar a veracidade dos fatos.

Em síntese, a orientação da Igreja é para que se busque a justiça e a verdade que formam o povo de Deus, lembrando que toda falta cometida contra esses dois valores exigem reparação, de preferência publicamente, e, quando isso não é possível, pelo menos em âmbito privado. A reputação material e moral de alguém que sofreu prejuízos é um dever inquestionável e tem de ser avaliada na proporção do dano causado. Mesmo quando a verdade vem à tona por si só, a reparação é fundamental para que o mal seja eliminado.

Existem situações específicas em que o segredo deve prevalecer sobre o direito à informação ou à comunicação, como no caso do sacramento da confissão. No plano profissional, assuntos de ordem estratégica também pedem a manutenção do sigilo.

Na vida pessoal, por sua vez, nem sempre convém revelar a verdade àquele que a pede. Por exemplo, ninguém é obrigado a revelar a verdade a quem não tem o direito de conhecê-la. Sendo mais explícito: temos o dever de não mentir, mas não temos a obrigação de dizer a verdade para todo mundo. Então, diante de uma pessoa que não tem nada a ver com determinado fato, podemos ficar em silêncio, o que configura omissão e não propriamente mentira.

Para saber a melhor forma de agir, sugiro a utilização de outra regra de ouro, que consiste em avaliar se a verdade a ser dita realmente servirá para construir algo ou apenas destruir, lembrando que o bem e a segurança do outro, bem como o respeito à vida privada, são razões suficientes para calar-se a respeito de um determinado fato.

Cito como exemplo o caso de uma filha que descobriu um deslize do pai no casamento — ele havia traído a mulher. Após uma conversa, o homem reconheceu seu erro, assegurou que o caso já tinha acabado e se comprometeu a viver para fazer a esposa feliz. Essa jovem consultou-me pedindo que eu a aconselhasse, porque não sabia se deveria contar ou não para a mãe. E a minha recomendação foi a omissão, pois, naquela altura, essa verdade só viria a destruir algo que estavam tentando reconstruir. Uma vez que o pai realizava um esforço para reconquistar a confiança da filha, que sabia do fato, e cumpria sua promessa de respeitar e amar sua mulher, o melhor era permanecer em silêncio.

O dever de evitar o escândalo impõe, muitas vezes, uma estrita discrição, até porque, conforme afirma um dos textos bíblicos, uma linguagem cheia de blasfêmias e grosserias anula o desejo que as pessoas têm de ouvir a verdade e não contribui em nada para o esclarecimento dos fatos: "Uma disputa entre orgulhosos faz correr sangue; suas injúrias fazem sofrer os ouvidos" (Eclo 27,16).

De tudo, fica a lição do equilíbrio: lutar pelo direito à verdade acima de tudo, porém sem esquecer de agir com justiça e caridade, preservando o direito que todos possuímos de ter uma boa reputação.

Essa consciência é muito importante, porque a língua das pessoas pode ser terrível e arrasar a vida de outras. Uma das mais célebres iniciativas para combater o problema, comumente atribuída a São João Maria Vianney, o Cura d'Ars, foi, na verdade, tomada por São Felipe Neri, que impôs uma curiosa penitência a uma senhora muito conhecida por praticar insistentemente a maledicência: a mulher deveria sair pelas ruas da cidade depenando uma galinha. Cumprida a primeira etapa da missão, determinou que refizesse o mesmo caminho recolhendo as penas e colocando-as de volta na galinha. Diante da afirmação da mulher de que isso seria impossível, alertou-a de que, afinal, as penas eram como as palavras — uma vez jogadas ao vento, não havia como recolhê-las.

Que essas sábias palavras sirvam de inspiração para todos e nos levem a pensar muito bem antes de comentar sobre a vida alheia.

Nono mandamento: "Não desejar a mulher do próximo"

"Não cobiçarás a casa do teu próximo; não cobiçarás a mulher do teu próximo, nem seu escravo, nem sua escrava, nem seu boi, nem seu jumento, nem nada do que lhe pertence" (Ex 20,17).

No Evangelho de São Mateus, Jesus retoma este mandamento: "Eu, porém, vos digo: Todo aquele que lançar um olhar de cobiça para uma mulher, já adulterou com ela em seu coração" (Mt 5,28).

Este mandamento proíbe a cobiça sexual e também vale para as mulheres, ou seja, toda aquela que olhar para um homem com desejo libidinoso já cometeu adultério com ele em seu coração.

A essa altura, muitos podem estar questionando porque temos dois mandamentos que abordam praticamente o mesmo tema: o problema do adultério. Na verdade, há uma diferença essencial, pois enquanto o anterior trata da prática do adultério, ou seja, quando a pessoa chega às vias de fato, este aborda algo que antecede o ato em si, que é a cobiça do corpo, a imaginação de práticas libidinosas com alguém e, por conseguinte, a elaboração de estratégias para possuir seu objeto de desejo. E, de fato, a cobiça leva ao adultério, como indica um caso clássico relatado na Bíblia, segundo o qual o rei Davi viu a mulher de Urias banhando-se, cobiçou-a, mandou que a trouxessem e deitou-se com ela, que engravidou. O rei ainda mandou Urias para o combate, numa posição perigosa para que morresse e pudesse ficar com sua esposa (cf. 2Sm 11,2-27).

Sigamos, portanto, desvendando os mistérios da carne e do espírito.

O ser humano é uma criatura completa, composto de corpo e alma, e é da relação entre esses dois componentes que surge a maior parte das tensões. São João explica que existem três espécies de cobiça ou de concupiscência, forma veemente do desejo humano — vontade de possuir a qualquer custo — que resulta no primeiro pecado cometido no Paraíso, responsável pelo comprometimento das faculdades morais do homem: a concupiscência da carne, a dos olhos e a soberba da vida. “Não ameis o mundo nem as coisas do mundo. Se alguém ama o mundo, não está nele o amor do Pai. Porque tudo o que há no mundo — a concupiscência da carne, a concupiscência dos olhos e a soberba da vida — não procede do Pai, mas do mundo. O mundo passa com as suas concupiscências, mas quem cumpre a vontade de Deus permanece eternamente" (1Jo 2,16-17).

O coração é um órgão, mas para a teologia cristã é simbolicamente o centro da personalidade moral do ser humano. Disse Jesus: "Porque é do coração que provêm os maus pensamentos, os homicídios, os adultérios, as impurezas, os furtos, os falsos testemunhos, as calúnias" (Mt 15,19).

Sim, a chave para compreender os mais terríveis atos e sentimentos praticados contra os outros e contra nós mesmos está no coração humano. É, portanto, um exagero achar que o mal vem de fora; ele age dentro de nós. Não esqueçamos que o Inimigo perdeu tudo, menos a inteligência angelical: é um camaleão astuto e se apresenta a nós de forma sedutora; entra em nosso interior, descobre o que mais nos fascina e se mascara com essa fascinação para nos atrair.

Deus nos quer santos, mas para alcançar a pureza de coração é preciso travar uma luta constante, e não apenas momentânea, contra a concupiscência da carne e as cobiças desordenadas. Os padres e freiras, por exemplo, não são assexuados e têm de aprender a lidar com isso. Da mesma forma, os casais devem controlar sua sexualidade para conquistar um coração puro.

Existe, portanto, um laço de união entre a pureza do coração, a do corpo e a da fé. A todo aquele que busca a pureza em sua plenitude, está prometido ver Deus face a face. Por isso, sempre afirmo que a sexualidade está relacionada a Deus.

Como trabalhar esse desejo da carne?

Jesus indica o caminho: "Bem-aventurados os puros de coração, porque verão a Deus."

Se o coração é a fonte do mal, temos de purificá-lo. Primeiro, pela virtude do dom da castidade, que permite amar com o coração reto e indiviso, ou seja, comportar-se de forma sincera, verdadeira, sem tentar esconder nossos erros e falhas. Segundo, com a pureza de intenções, que consiste em ter em vista o fim verdadeiro do homem e realizar a vontade divina em todas as coisas. Terceiro, por meio da oração e do pensamento em Deus.

Não se trata de negar a sexualidade. Como já expliquei, ela é um dom de Deus, tanto que Orígenes nunca será canonizado porque, para resistir às tentações, castrou-se, e essa mutilação, embora feita com boa intenção, foi um dos motivos para não ter sido declarado santo. Deus não quer que nos castremos. Aqueles que optam por seguir o sacerdócio não negam sua sexualidade, apenas a sublimam, o que é bem diferente.

O belo pode ser olhado, mas entre olhar e alimentar o desejo há uma grande diferença. É preciso ter disciplina nos sentimentos e na imaginação. Mudar o pensamento impuro, transmutá-lo em algo puro. No Livro da Sabedoria, encontramos o texto: "A vista excita os desejos dos insensatos, fantasma inanimado de uma imagem sem vida que provoca a paixão!" (Sb 15,5).

Condenável é o olhar de cobiça, o desejo de ter algo com alguém fora do casamento, que já é o primeiro passo para o adultério. No entanto, infelizmente, hoje em dia parece que o fato de uma pessoa ser casada não é mais empecilho para que a "paquera" ocorra, e, em muitos casos, o porte da aliança estimula ainda mais a cobiça.

Precisamos urgentemente voltar a cultivar o pudor, aquele sentimento de recato, que preserva a intimidade da pessoa, pois orienta o olhar e os gestos em conformidade com sua dignidade.

Décimo mandamento: "Não cobiçar as coisas alheias"

"Não cobiçarás... coisa alguma que pertença a teu próximo" (Ex 20,17).

"Tu não desejarás para ti a casa de teu próximo, nem seu campo, nem seu escravo, nem sua escrava, nem seu boi, nem seu jumento, qualquer coisa que pertença a teu próximo" (Dt 5,21).

"Onde está teu tesouro, aí está também o teu coração" (Mt 6,21).

O décimo mandamento desdobra e completa o nono, que condena a cobiça da carne. Neste caso, o foco é a cobiça dos bens alheios, a avidez, o desejo de apropriação desmedida dos bens terrenos, próprio daqueles que querem tudo para si. É a ambição desordenada, que, de certa forma, move o capitalismo tradicional. Quanto mais se tem, mais se quer. Essa ambição desregrada nasce da paixão imoderada pelas riquezas e pelo poder.

Santo Agostinho via na inveja um pecado diabólico. Da inveja nasce o ódio, a maledicência, a calúnia, a alegria causada pela desgraça do próximo.

Por outro lado, o desejo de sempre querer ter mais leva a uma infelicidade sem limites, um vazio interior que nunca é preenchido em razão de uma eterna insatisfação pessoal. Tudo o que as outras pessoas possuem sempre é melhor e torna-se o alvo do desejo, muitas vezes tão intenso que não basta ter também, mas é preciso destruir as conquistas alheias. Contudo, mais do que atingir os outros, esse sentimento traz prejuízos ao próprio invejoso, que acaba prisioneiro de suas amarguras.

Lei dos homens

Fez-se necessário que, abaixo da Lei Natural e da Lei Divina, existissem leis feitas pelos homens, como regras de convivência e valores que permitissem construir uma sociedade civilizada.

Apesar de fazer parte da sociedade, a Igreja, atualmente, nada impõe, deixando para os Estados, definidos como laicos, a elaboração de suas leis. Isso não quer dizer que renuncie ao seu direito de se pronunciar a respeito daquilo que não está afinado com a Lei Divina. Da mesma forma, não se exime de esclarecer e conscientizar corretamente os cristãos, caso as normas estabelecidas agridam valores fundamentais, como considerar crime inafiançável abater um animal silvestre e, ao mesmo tempo, pleitear a aprovação da lei do aborto sob a justificativa de que é um direito da mulher.

Certamente, é um dever do Estado proteger a flora e a fauna do país, assim como é um compromisso cristão defender a vida em toda a sua plenitude. Mas não esqueçamos que a autoridade de Deus e de Sua Lei está acima de toda e qualquer autoridade humana.

Salmo 110 (111)

1. Aleluia! Celebro ao Senhor de todo o coração na intimidade dos retos e no conselho.
2. Grandes são as obras do Senhor, dignas de estudo para quem as ama.
3. Sua obra é esplendor e majestade, e Sua justiça permanece para sempre.
4. Ele deixou um memorial de Suas maravilhas, o Senhor é piedade e compaixão:

5. Ele dá alimento aos que O temem, lembrando-se sempre da Sua aliança;
6. mostra ao Seu povo a força de Suas obras, entregando-lhe a herança das nações.
7. Justiça e Verdade são as obras de Suas mãos, Seus preceitos todos merecem confiança:
8. são estáveis para sempre e eternamente, vão cumprir-se com verdade e retidão.
9. Ele envia libertação para Seu povo, declarando Sua aliança para sempre; Seu nome é sagrado e terrível.
10. O princípio da sabedoria é temer o Senhor, todos os que o praticam têm bom senso. Seu louvor permanece para sempre.

Glória ao Pai, ao Filho e ao Espírito Santo, como era no princípio, agora e sempre. Amém.

Capítulo 7
"O Caminho"

"O caminho é viver segundo a proposta de Jesus."

Depois de libertar o povo de Israel que estava cativo no Egito, Moisés recebeu no monte Sinai as leis que concretizaram o Código da Aliança e passaram a regular a vida do povo hebreu, indicando o caminho de fidelidade a Deus. Porém, os preceitos foram multiplicando-se e os profetas surgiram para defender a Lei e denunciar o que já não traduzia a aliança com Deus.

A teologia de Mateus apresentou Jesus como o novo Moisés. Ele retomou a antiga Lei e apresentou questões que são inegociáveis para quem crê, como as que dizem respeito à família, especificamente ao adultério e ao divórcio (cf. Mt 5,21-22.27-28.31-32).

Sobre o "não matarás", Jesus foi taxativo: "Ouvistes que foi dito aos antigos: 'Não matarás; aquele que matar terá de responder no tribunal.' Eu, porém, vos digo: todo aquele que se encolerizar contra seu irmão terá de responder no tribunal; aquele que chamar ao seu irmão 'Cretino!' estará sujeito ao julgamento do Sinédrio; aquele que lhe chamar 'Louco' terá de responder na geena de fogo" (Mt 5,21-22). Sem dúvida, é uma sentença muito dura, e pensar que tantas vezes matamos nossos próprios familiares com palavras e ofensas, pois muitas vezes a língua fere mais do que uma arma.

Jesus, por Sua vez, não veio para mudar a antiga Lei, mas para aprimorá-la, e Ele o faz no Sermão da Montanha, apresentando as bem-aventuranças como caminho de santificação. Então, se pudesse fazer uma comparação, diria que as bem-aventuranças estão para nós assim como os Dez Mandamentos estão para os judeus.

Nas bem-aventuranças, estão contidas novas propostas para o homem novo em Cristo. É uma receita para a santidade e uma vida em plenitude.

"Bem-aventurado" é aquele que traz ventura e vive muito feliz. Na doutrina da fé, indica aquele que goza no céu a beatitude eterna.

Segundo o Catecismo da Igreja Católica, "as bem-aventuranças ensinam-nos qual o fim último a que Deus nos chama: o Reino, a visão de Deus, a participação na natureza divina, a vida eterna, a filiação, o repouso em Deus" (CIC 1726).

Vejamos mais detalhadamente cada uma das bem-aventuranças ensinadas por Jesus:

Bem-aventurados os pobres em espírito, porque deles é o Reino dos Céus.

Felizes aqueles que vencem o apego às riquezas e às honras do mundo, ou seja, quem é pobre não necessariamente do ponto de vista material, mas se reconhece carente e dependente de Deus.

Pobres em espírito são aqueles que não se amedrontam, não se menosprezam e se reconhecem criaturas de Deus. Não são tolos, mas humildes. A humildade é o segredo para viver todas as bem-aventuranças.

Pobreza em espírito é não se deixar levar pelo orgulho, não esconder os talentos recebidos, mas colocá-los a serviço da humanidade, reconhecendo que foram concedidos por Deus.

Bem-aventurados os que choram, porque serão consolados.

Para viver esta bem-aventurança, é preciso estar em companhia das lágrimas e da aflição pelos nossos próprios pecados, pelos pecados dos outros e pela situação da humanidade. Isso significa ter o coração triste por tudo o que entristece o coração de Deus.

Chorar apenas por chorar ou fazê-lo por perdas egoístas e frustrações não traz mérito algum. Como afirma Santa Teresa de Ávila: "Não precisa confundir estas lágrimas com as que vêm da nossa sensibilidade ou da má tristeza, segundo o mundo. Choramos porque nos foi tirada esta ou aquela coisa vã, ou porque nossos projetos não se realizam, ou ainda porque nosso orgulho foi ferido."

Isso quer dizer que felizes são aqueles que choram por não se conformarem com os pecados que ferem o coração de Deus. Os que se afligem e choram pelo sofrimento dos outros. Os que vencem a tendência à comodidade, à preguiça, aceitando sofrer um pouco no corpo por amor a Deus.

Felizes são aqueles que se afligem por suas misérias humanas e, na presença do Senhor, choram e rasgam seus corações, porque é o próprio Deus quem os consola.

Bem-aventurados os mansos, porque possuirão a terra.

Mansidão não significa fraqueza, covardia, e sim confiança na bondade divina. É a força do espírito que reside num coração humilde.

Aquele que é manso abre mão de sua própria vontade para fazer a vontade de Deus, abandona-se sem resistência nas mãos do Pai e não faz perguntas. Mansos são aqueles que pagam o mal com o bem, a violência com a paz.

Bem-aventurados os que têm fome e sede de justiça, porque serão saciados.

Somos verdadeiramente felizes quando não ficamos apenas esperando que a justiça seja feita, mas praticamos a justiça de Deus e procuramos dar a cada um o que lhe é devido, incluindo Deus. Assim, "ter fome e sede de justiça" significa, no ponto mais alto, ter fome e sede de Deus e de Sua santidade.

Viver esta bem-aventurança é tentar tornar-se parecido com Jesus em tudo, a partir da experiência com Ele e Sua Palavra. "Porque o Senhor é justo, Ele ama a justiça; e os homens retos contemplarão a Sua face" (Sl 10,7).

Bem-aventurados os misericordiosos, porque alcançarão misericórdia.

Deus é misericórdia e compaixão, e aqueles que são generosos para com o próximo receberão Sua misericórdia.

A misericórdia leva-nos à compreensão e ao perdão das falhas, limitações e diferenças alheias, assim como Deus, Pai misericordioso, compreende e perdoa nossas falhas e limitações.

Misericordiosos são aqueles que, por serem perdoados por Deus, perdoam sempre e não cultivam mágoas. Também sentem compaixão pela dor do outro, como Jesus sentiu, e o desejo de aliviar seu sofrimento. "Vendo-a [a viúva], o Senhor, movido de compaixão para com ela, disse-lhe: Não chores!" (Lc 7,13).

Bem-aventurados os limpos de coração, porque verão Deus.

Deus perscruta nossos corações, por isso conhece nossos sentimentos com riqueza de detalhes. O coração humano representa aquilo que cada um é na sua mais profunda essência e característica.

Evitar o pecado que contamina o coração, vivenciar as virtudes do Espírito Santo e agir sempre em favor do bem, tendo uma reta intenção em nossas ações, faz com que nos tornemos puros de coração.

"Pois Deus não nos chamou para a impureza, mas para a santidade" (1Ts 4,7).

Bem-aventurados os pacificadores, porque serão chamados filhos de Deus.

Os pacificadores buscam viver em paz consigo mesmos, numa profunda compreensão e reconhecimento de que são amados por Deus, não pelos seus méritos, mas pela bondade do Pai, que nos amou primeiro (cf. 1Jo 4,19).

Os pacificadores levam a paz e a promovem no meio em que vivem. Trabalham para alcançar entre os homens não a paz egoísta e meramente individual, mas a verdadeira paz, identificada claramente por Nosso Senhor Jesus Cristo: aquela que não está meramente na ausência de guerras e conflitos, mas é fruto da justiça.

Bem-aventurados os perseguidos por causa da justiça, porque deles é o Reino dos Céus.

O caminho que leva até Deus é estreito e cheio de obstáculos. À medida que nos aproximamos d'Ele e fazemos Sua vontade, somos perseguidos, pois incomodamos o Inimigo. É o demônio quem joga as pedras e coloca os obstáculos para que não passemos, não avancemos na caminhada para Deus.

Feliz aquele que se mantiver fiel a Deus e firme em seu propósito mesmo durante as grandes tribulações, aceitando sofrer em nome de Jesus e defender Seu nome, Seu Evangelho e Sua justiça aconteça o que acontecer.

As bem-aventuranças são as respostas sobre por que vivemos. Nesse contexto, há um detalhe que vale a pena destacar: a todo momento, somos bombardeados por tribulações, mas quem se apresentar na eternidade, para onde vamos, em frente ao Cordeiro, com as vestes brancas — ou seja, aqueles que passarem pelas provações buscando com afinco a antecipação do Reino e mantendo seu coração puro —, figurará como bem-aventurado diante de Deus.

Todos temos nossos medos e inseguranças, até mesmo os santos. Por isso, viver com os pés apenas aqui na terra, sem vislumbrar as coisas espirituais, leva-nos a três prejuízos: o de termos o coração sem misericórdia, o de não termos fidelidade e o de sermos inconstantes.

A vivência das bem-aventuranças depende da nossa perseverança e da capacidade de entender que o sofrimento, a cruz, nos santifica. Isso é ser pobre em espírito ou "*anawim*", isto é, carente (necessitado) de Deus.

Fé

Em geral, os ritos religiosos, que são a expressão da religiosidade, fazem com que a pessoa se sinta bem, acolhida e, por isso, tenha mais forças para superar a depressão. Nos casos de extrema apatia, em que o doente mal consegue sair da cama, um familiar pode, por exemplo, ler para ele um trecho da Bíblia ou uma mensagem que remeta ao contexto espiritual.

Nem sempre essa é uma tarefa fácil, pois, geralmente, em razão da depressão, a pessoa tende a arrefecer sua fé e até perdê-la completamente. Mas é nesses casos mais agudos que familiares e amigos devem insistir, rezando com o doente ou para o doente e levando-o ao encontro com Deus para que possa resgatar a sua fé.

Certamente, como sempre enfatizo, o tratamento clínico comandado por um profissional especializado é fundamental, porém é igualmente necessário procurar apoio espiritual, e a Bíblia é um "manancial de antidepressivos" espetacular, com tudo aquilo que precisamos para meditar e nos fortalecermos enquanto seres humanos. Ela remete nossa alma ao encontro d'Aquele que é perfeito, nosso Deus.

A fé ajuda a aliviar e mesmo vencer a depressão porque nos conecta com algo que traz sentido para as perdas e frustrações, alterando a forma como reagimos e a nossa maneira de encarar a vida. É, por isso, muito importante no tratamento e na recuperação tanto de doenças psíquicas quanto orgânicas, como é o caso do câncer.

De fato, recebo muitos testemunhos de pessoas que alcançaram a cura por meio da fé, como um que veio da cidade de Ibirité (MG), onde uma ouvinte contou ter sido diagnosticada com câncer no intestino. No primeiro momento, pensou que sua vida havia acabado. Uma semana depois, alguém indicou o programa de rádio *Experiência de Deus*, que passou a acompanhar. Fez as novenas pedindo a cura, e a família e os amigos também ajudaram animando-a e rezando por ela.

Passado algum tempo, teve de submeter-se a uma cirurgia e, após novos exames, os médicos detectaram a existência de quatro nódulos no fígado. Então, começou a fazer sessões de quimioterapia, mas manteve a fé e a confiança na misericórdia divina. Na novena de Natal, pediu como presente ao Menino Jesus o restabelecimento de sua saúde e alcançou a graça. O tratamento deu certo, os nódulos do fígado desapareceram, e atualmente leva uma vida normal, realizando exames periódicos apenas para acompanhamento e controle.

Certa vez, ouvi um ditado que me chamou a atenção: "Um indivíduo só é verdadeiramente ateu quando está bem de saúde." Não precisa ser assim, é fato que na fragilidade da dor ou da doença as pessoas acabam rendendo-se ao poder de Deus. Creio que mesmo que seja por essa via dolorosa, a fé em Deus é um "santo remédio" para muitos males.

Renascer no Espírito

Nicodemos, chefe dos fariseus, vai até Jesus e faz uma profissão de fé: "Jesus, sabemos que vem de Deus, porque as obras que você faz só podem ser de alguém que é enviado por Deus" (cf. Jo 3,2). Quando Nicodemos está a um passo de tornar-se um discípulo, Jesus diz: "Em verdade, em verdade, te digo: quem não nascer do alto não pode ver o Reino de Deus" (Jo 3,3).

Nicodemos, como todos nós, às vezes tão pragmáticos, retruca: "Como pode um homem nascer, sendo já velho? Poderá entrar uma segunda vez no seio de sua mãe e nascer?" (Jo 3,4). Então, Jesus explica a Nicodemos e, com certeza, também a mim, padre Reginaldo, e a você, leitor: "Em verdade, em verdade, te digo: quem não nascer da água e do Espírito não pode entrar no Reino de Deus" (Jo 3,5).

E Nosso Senhor segue explicando o que é nascer do Espírito, ou seja, nascer no Espírito Santo de Deus, na força da ressurreição. Jesus Cristo Ressuscitado é quem faz novas todas as coisas. Portanto, nós somos chamados a nascer de novo em Jesus Cristo, por excelência no batismo. E quem nasce em Jesus tem de viver em Jesus.

Sendo assim, nascer do Espírito significa deixar para trás o "homem velho", que é uma expressão metafórica, pois não se trata da referência a um homem de idade cronológica avançada, mas às partes de nossa vida que ainda estão apegadas a uma forma errada de viver, pagã, não cristificada.

Todos nós, uns mais, outros menos, temos pensamentos e comportamentos que não estão alinhados com Jesus Cristo. Às vezes, uma área da vida está caminhando bem — por exemplo, existe sucesso profissional, contudo o lado afetivo vai de mal a pior. Em outros casos, ocorre exatamente o contrário, a família está bem, mas os conflitos no trabalho são cada vez maiores. Evidentemente, o ser humano é um todo e, mais cedo ou mais tarde, o problema existente acabará afetando os espaços sãos, por isso é mais do que urgente buscar renascer no Espírito. Nesse sentido, é muito importante que avaliemos, como Nicodemos, qual ou quais partes da nossa vida necessitam da ajuda do Espírito Santo para melhorar.

Quando está terminando o diálogo com Nicodemos, Jesus fornece a mais valiosa das pistas: "Nicodemos, eu digo a você, terá vida quem aceita o Filho, porque eu sou o enviado de Deus; aquele que me renega, renega o Pai, e não se iluda, Nicodemos, quem quer renascer em Deus vive do alto, vive dos valores do Senhor" (cf. Jo 3,11-13).

Ora, esse é um recado para todos nós: o caminho é viver segundo a proposta de Jesus. Mas, atenção: isso não significa que não teremos dificuldades e sofrimentos. Quando os apóstolos assumiram a proposta de uma nova vida em Jesus Cristo, foram perseguidos, presos, torturados, entregues aos leões, martirizados. Não esqueçamos, ainda, que viver segundo a proposta de Deus fez Jesus ser crucificado. Isso significa que o fato de nascermos e buscarmos viver as coisas do alto entra em choque com os valores do mundo, sendo essa uma situação que se repetirá constantemente, não nos iludamos.

Na prática, temos de responder a uma pergunta básica: "O que não está bem e o Senhor ainda precisa transformar na minha vida?" E, assim que descobrirmos, não podemos deixar para amanhã essa mudança, tem de ser hoje.

Recentemente, achei curioso o comentário de uma pessoa que disse:

> *"Nossa, padre! Eu vi na porta de minha cozinha um ninho de vespas. Estava no comecinho e pensei: 'Deixa para lá, amanhã vou tirá-lo daí, chamarei alguém e pedirei que faça um chumaço com óleo, coloque fogo e queime o vespeiro.' Mas fui deixando. Passou um dia, dois, e eu sempre adiando. Até que passou um mês e, quando me dei conta, o enxame estava tão grande que chegava na porta e entrava dentro de casa. E as vespas já estavam dando ferroadas!"*

Por que eu relatei esse episódio?

Porque muitas vezes estamos exatamente assim, com um "ninho de vespas" perto de nós, em nossa vida, mas, por medo ou comodismo, ficamos paralisados, vendo-o crescer, até que comece a nos ferir. Por isso, imploro: não deixe para amanhã o que o Senhor está pedindo. Resolva, perdoe, supere, liberte, mude, diga hoje, porque protelar algo que nos faz sofrer é como alimentar um vespeiro que cresce a cada dia e só nos causará mal.

Salmo 25 (26)

1. Faze-me justiça, ó Senhor, pois ando em minha integridade; eu confio no Senhor, sem vacilar.
2. Examina-me, Senhor, coloca-me à prova, depura meus rins e meu coração:
3. à frente dos meus olhos está o Teu amor, e estou caminhando na Tua verdade.
4. Não me assento com os impostores, nem caminho com os hipócritas;
5. detesto a assembleia dos maus e com os ímpios não me assento.
6. Na inocência lavo minhas mãos para rodear o Teu altar, Senhor,
7. proclamando a ação de graças e contando Tuas maravilhas todas.
8. Senhor, eu amo a beleza de Tua casa e o lugar onde a Tua glória habita.
9. Não me ajuntes com os pecadores, nem minha vida com os assassinos:
10. eles têm a infâmia nas mãos, sua direita está cheia de subornos.
11. Quanto a mim, eu ando na minha integridade, resgata-me, tem piedade de mim!
12. Meu pé está firme no reto caminho, eu Te bendigo, Senhor, nas assembleias.

Glória ao Pai, ao Filho e ao Espírito Santo, como era no princípio, agora e sempre. Amém.

Capítulo 8
"A Vida" (Exigências do amor)

"Devemos apegar-nos à força do primeiro amor, justamente aquele que emana de Deus, e superar todos os obstáculos."

Tudo começa com e pela Palavra de Deus: "Amemos, porque Ele nos amou primeiro." Se alguém disser "Amo a Deus", mas odeia seu irmão, é um mentiroso, pois no coração de quem ama a Deus não há espaço para o ódio. E esta é a recomendação que d'Ele recebemos: "Aquele que ama a Deus ame também o seu irmão" (1Jo 4,19-21).

"Amemos, porque Deus nos amou primeiro." Essa é a base, o fundamento daquilo em que nós acreditamos e, por isso, professamos. Deus é a maior referência do amor, pois abrange, na Sua essência, a plenitude desse sentimento, bem como todo e qualquer significado que nós podemos ter de amor.

Somos pequenos, frágeis, limitados diante daquilo que Deus personifica, a perfeição máxima do amor. Por isso quando amamos somos tão idealistas, pois a nossa referência é a mais perfeita, única e singular, que é Deus. Trata-se da busca constante por vivenciar e experimentar esse amor de Deus.

Por outro lado, existem exigências. No dia a dia, há um certo desgaste gerado por frases como: "Eu amo meu time de futebol", "Como amo fazer isso!", "Amo cantar", "Amo minha profissão" etc. Será que tudo isso é amor? De duas, uma: ou o uso da palavra em questão está equivocado, ou o ato de amar tem significados e intensidades diferentes.

Na verdade, as duas observações procedem, porém o que não podemos perder é a noção de que todas essas formas de expressar esse sentimento, nas suas dimensões mais específicas, caminham para um amor maior, que é Deus. Quem primeiro amou o mundo foi Ele. A natureza, a Criação, é um ato do amor de Deus. E em Seu Filho, Jesus, com profundo amor, Ele nos dá a remissão.

Os antigos gregos usavam três palavras para qualificar as dimensões do amor: Eros, Filia e Ágape.

Eros é o amor carnal e remete ao desejo entre homem e mulher. Ele simboliza o amor romântico do qual faz parte a atração sexual. Também implica a contemplação do belo e a existência de sentimentos como paixão e ciúme.

A Sagrada Escritura considera esse amor como algo criado por Deus, e o vemos descrito no Livro do Cântico dos Cânticos por meio do diálogo entre um pastor e uma moça: "— Como és bela, minha amada, como és bela!... Teus olhos são pombas. — Como és belo, meu amado, e que doçura! Nosso leito é todo relva" (Ct 1,15-16).

Mas, se esse amor que os seres humanos vivem, denominado Eros, não santifica, então não deveríamos ignorá-lo e somente buscar outro tipo de amor?

Para sanar essa dúvida, contamos com a valiosa contribuição do Papa Bento XVI, que também é teólogo e filósofo. Em sua primeira encíclica, *Deus caritas est* (Deus é amor), esclarece com precisão no que a Igreja realmente acredita: não se trata de negar o amor físico, como se fosse parte de uma leviandade do ser humano ou algo desestruturado. Não. O amor Eros faz parte da nossa natureza, porém o Sumo Pontífice alerta: "O Eros degradado a puro 'sexo' torna-se mercadoria, torna-se simplesmente uma 'coisa' que se pode comprar e vender;

antes, o próprio homem torna-se mercadoria" (*Deus caritas est*, n. 5).

Acrescento que esse amor não pode ser vivido isoladamente, ou seja, ele não é o fim último, a razão de ser da vida, mas um preparativo para levar à maturidade, considerando que Deus, por ser a expressão mais absoluta do amor, é também o Criador do Eros. Novamente citando Bento XVI: "Somente quando ambos [corpo e alma] se fundem verdadeiramente numa unidade é que o homem se torna plenamente ele próprio. Só assim é que o amor — o Eros — pode amadurecer até sua verdadeira grandeza" (*Deus caritas est*, n. 5). Assim, o amor entre homem e mulher tende à santidade, ao estágio superior mais elevado da doação e da entrega, chamado Ágape.

Antes, porém, de comentar sobre o mais sublime tipo de amor, entendamos aquele que é chamado de Filia e está relacionado à amizade. Abnegado e pacífico, esse amor não escraviza nem monopoliza o objeto do amor, não cria dependência e aceita o outro como ele é. Jesus refere-se a essa dimensão do amor ao dizer: "Ninguém tem maior amor do que aquele dá a vida por seus amigos" (Jo 15,13).

Filia é o amor que se coloca a serviço e visa primeiramente ao bem do outro. Não possui conotação sexual, desejo carnal, correspondendo ao sentimento existente entre amigos. Um belo exemplo do amor-amizade encontramos entre Davi e Jônatas. Davi lamentou profundamente a perda do amigo em uma batalha: "Jônatas, a tua morte dilacerou-me o coração, tenho o coração apertado por tua causa, meu irmão Jônatas. Tu me eras imensamente querido, a tua amizade me era mais cara do que o amor das mulheres" (2Sm 1,25s). Assim também era o amor de Jesus pelos apóstolos, especialmente pelo Discípulo amado.

Por fim, no plano mais elevado, está o amor Ágape, que é divino. Podemos ter uma experiência de sua dimensão a partir de Jesus, pois Ele é a revelação do amor do Pai. "Deus é amor" (1Jo 4,8).

O amor Ágape não quer nada dos outros, não é interesseiro. É o amor de Deus por nós, capaz de enviar Seu único Filho ao mundo para que "todo aquele que n'Ele crer não pereça, mas tenha vida eterna" (cf. Jo 3,16). É o amor com que Jesus Cristo nos amou e se entregou por nós, como São Paulo lembra: "Dificilmente morrerá alguém por um justo; deveras, por um homem bom, talvez, alguém ainda se atreva a morrer. Mas Deus prova a nós o Seu próprio amor, por Cristo ter morrido por nós enquanto éramos ainda pecadores" (cf. Rm 5,7s). Esse amor é fundamentado e sustentado pela fé e constituído e guiado por todos os bons princípios. Pode ou não incluir afeição ou predileção, mas é um sentimento altruísta relacionado com fazer o bem a todos, independentemente de mérito ou recompensa.

Para a doutrina católica, não se pode separar essas três formas de amor, pois elas se fundem entre si. Interessante o que diz o Papa: "Deus ama, e este Seu amor pode ser qualificado sem dúvida como Eros, que, no entanto, é totalmente Ágape também." E ainda: "Deus é absolutamente a fonte originária de todo ser; mas esse princípio criador de todas as coisas é, ao mesmo tempo, um amante com toda a paixão de um verdadeiro amor. Desse modo, o Eros (também o Filia) é enobrecido ao máximo, mas simultaneamente tão purificado que se funde com o Ágape" (*Deus caritas est*, n. 10).

Conhecendo essas dimensões do amor, soam um tanto descabidas afirmações como "amo meu time de futebol", "amo comer carne-seca", "amo andar de bicicleta", entre outras. Amar é algo muito mais profundo. Por isso, se alguém diz que sentiu amor à primeira vista, desconfie. Na verdade, o primeiro contato pode levar à paixão, mas certamente ainda está longe do amor maduro. Não podemos reduzir o amor à admiração e à atração.

Muitos relacionamentos e casamentos não conseguem amadurecer para o amor Ágape, porque o relacionamento não passa de mera atração, desejo, paixão e não evolui para o estágio de permanência, fidelidade e doação.

São Paulo descreve o Ágape no capítulo 13 da Primeira Carta aos Coríntios ao afirmar: "O amor tudo suporta, o amor tudo perdoa" (cf. 1Cor 13,4-9). Não por acaso, esse texto geralmente é utilizado na liturgia da Palavra, durante as cerimônias de casamento.

É muito bonito, de fato, porém quem lê o "Hino ao Amor" provavelmente se questiona se isso realmente existe na face da terra, pois tão difícil quanto compreender é viver uma experiência amorosa nesse nível. Talvez o amor das mães pelos filhos seja o ponto mais próximo que chegamos da sua concretização. Evidentemente, o texto refere-se ao amor de Deus para conosco, o Ágape, aquele que "tudo suporta, tudo crê, tudo espera". Um amor profundo e indissolúvel.

As exigências do amor dependem da maturidade das pessoas, por isso há quem não consiga construir o matrimônio, porque o amor é egocêntrico, voltado para si mesmo, narcisista, então o casamento acaba. O sucesso de uma união é fazer o outro feliz. Hoje, os casais "ficam", mas não começam um namoro, porque o amor compromete. Amar é esquecer-se de si mesmo para fazer o outro feliz, edificando-o.

Sobre essas exigências do amor, a Igreja tem sido questionada de muitas formas. O filósofo Nietzsche, por exemplo, afirmou que a Igreja envenenou o amor Eros ao negar a dimensão corporal. Na verdade, o que a fé católica sempre busca não é negar a sexualidade, mas impedir que seja reduzida à mera genitalidade, porque nós somos parte de algo maior.

Hoje, as pessoas trocam de parceiros com muita facilidade, bastando uma assinatura num processo de divórcio. Mas, se é tão simples assim, por que não estão felizes? Se apenas a genitalidade pela genitalidade resolvesse, o ser humano viveria com um sorriso de orelha a orelha.

O amor é muito mais do que o ato sexual. Sim, a atração faz parte, bem como a troca de olhares apaixonados, mas isso não é suficiente e não segura casamento algum. Ninguém pode negar essa dimensão do amor — no caso dos celibatários, trata-se de uma opção em favor de Deus, uma oblação —, mas Deus enxerga o amor entre um homem e uma mulher como um caminho de santidade. A questão é entender o que o amor exige e o que realmente o casal quer.

Vivemos, hoje, uma exaltação exagerada do corpo e da sensualidade. Basta prestar atenção ao conteúdo exibido na televisão, na internet, nos anúncios comerciais, que acabam estimulando prematuramente crianças e adolescentes para iniciarem a vida sexual. Sem dúvida, é importante tratar de educação sexual nas escolas, mas também é fundamental, e mais ainda, educar para o amor.

Em muitas famílias, o sexo ainda é um tabu e não deveria ser. Contudo, assim como os pais têm de se preocupar com a formação sexual dos filhos, eles precisam trazer o tema do amor para dentro de casa, o que é mais raro ainda.

Essa dificuldade de amar e expressar o amor existe porque, lá no fundo, todos estão insatisfeitos no campo afetivo, e isso é um caminho fértil para surgirem as traições, as mentiras, as separações. Quando alguém comete adultério, o problema não está apenas em ser descoberto, mas sobretudo no gesto em si, que configura a ruptura do pacto. Ser flagrado certamente vai gerar mal-estar, porém um problema de ordem muito maior advém daquilo que foi feito e ofende gravemente o amor.

Para todos que têm uma relação permanente, seja ela de amizade, seja um casamento, é preciso ascese, que quer dizer buscar as mais altas virtudes por meio de um processo de purificação. Outro ponto muito importante é a capacidade de ceder e renunciar aos próprios caprichos para que o relacionamento se perpetue, e aqui eu repito que o amor é algo maior do que imaginamos.

Muitas vezes, ouço daqueles que participam do meu programa de rádio: "Padre, meu casamento está desgastado", "Estou levando em banho-maria, mas não aguento mais". Isso ocorre porque o amor verdadeiro não se desenvolveu dos sentimentos surgidos no primeiro encontro, ou seja, não houve o processo de maturação.

O amor precisa ser purificado, e uma das formas é manter-se equilibrado ao passar pelos solavancos da vida e perdoar as falhas do outro quando elas começarem a vir à tona. E elas virão, pode ter certeza. Eu sempre brinco dizendo que o casamento é feito entre príncipes e cinderelas, mas, com o tempo, evolui para o convívio entre sapos e abóboras num grande brejo. Essa piada tem um fundo de verdade, mas não precisa ser assim. A pessoa perfeita não existe, é fato, contudo podemos aprender a amar a cada dia aquela mesma pessoa, com todos os seus defeitos.

Na obra de Santo Agostinho, o tema do amor é muito recorrente, porque ele amou muito, assim como São João da Cruz e, mais do que todos eles, Jesus. O amor é uma força propulsora muito forte capaz de mover montanhas e levar a pessoa a fazer loucuras. Está dentro de cada um de nós, pois todos somos sedentos de amar e sermos amados. Isso não é carência, faz parte da vida. Deus nos fez dessa forma e viu que era bom.

O amor cresce com a convivência. Aquele olhar extasiado dirigido a uma outra pessoa faz parte de um processo que ainda tem muito a evoluir até chegar ao seu ápice. A admiração por alguém que logo de cara aparenta ser muito inteligente e sensato é um ponto de partida, mas ainda não é amor, porque nessa fase inicial busca-se no outro algo para ser feliz.

Como já expliquei, o amor começa a existir, de fato, quando se passa a dedicar a própria vida para fazer a felicidade do outro. Sob esse ponto de vista, aquele ou aquela que em seu relacionamento busca, antes de mais nada, a própria felicidade está agindo de forma egoísta. O mesmo vale para o sacerdote que entende sua missão como uma mera fonte de satisfação pessoal. No casamento, quando uma parte não cede e a outra se submete, não existe amor, mas apenas convivência.

Uma senhora partilhou comigo o seguinte: "Eu casei, mas, na verdade, o que o meu marido queria era uma empregada e uma mulher para cuidar da mãe dele."

Isso é admitir que faltou amor. Ao longo dos anos, podem felizmente ter aprendido a amar ou, então, seguiram apenas suportando um ao outro, mas tenho certeza de que lá no fundo ficaram muitos pontos malresolvidos.

Infelizmente, vivemos numa sociedade doente, carente de amor; alguns chegam a usar a expressão "anemia de amor" para referir essa situação. Assim, existem milhares de pessoas sedentas de se sentirem amadas. Por outro lado, também temos de tomar cuidado com as deturpações do amor, as quais são muito comuns — por exemplo, nos casos em que alguém faz do outro seu troféu. Isso é perigoso e pode evoluir para um comportamento possessivo, do qual uma das principais manifestações é o ciúme. Há pessoas que se deixam tomar completamente por sua insegurança, a ponto de tentar descobrir a senha do celular do companheiro para checar seus telefonemas e mensagens.

Se, no casamento, um dos cônjuges ou ambos necessitam entrar de madrugada na internet para se masturbar ou assistir a filmes pornográficos, alguma coisa está errada e o amor não reside ali. São pessoas que se fecharam em seu egoísmo e, provavelmente, estão dividindo o mesmo teto apenas para não terem de arcar com a despesa de manter duas casas separadas. Mas isso não tem nada a ver com o propósito do casamento.

Lembremo-nos do que afirma o Gênesis: "Deus fez o homem, Deus fez a mulher, e disse: Crescei e multiplicai-vos!" (cf. Gn 1,28). Curioso é observar que o ser humano só está levando a sério o "multiplicai-vos", esquecendo-se da primeira parte, segundo a qual Deus uniu o homem e a mulher e disse "crescei". Como já expliquei antes, não se trata de condenar o sexo, mas de entender que ficar só nele é prejudicial ao amor, pois reduz o homem e a mulher ao seu instinto animal. Crescer — na maturidade, na doação, na cumplicidade, no sonhar juntos — também é amar. Na verdade, essa é a verdadeira essência do amor, porque ele é algo a ser completado.

Essa ideia de busca da completude está na gênese do próprio conceito de amor, que remonta ao antigo povo grego, para o qual o homem era um ser completo que Zeus havia dividido, então passava a viver procurando a sua outra metade. É daí que vem a expressão "cara-metade", "a outra parte da laranja".

De fato, a procura do amor é algo que acompanha a humanidade há muitos séculos; contudo, hoje existe uma dificuldade anterior a isso, porque nem sequer sabemos o que é o verdadeiro amor. O problema, volto a reforçar, não está na sexualidade, mas na maneira como ela é vivenciada, a tal genitalidade, que conduz a uma visão consumista e utilitarista do outro e não ao amor. Este é divino e veio de Deus.

Nesse contexto, cabe refletir: será que não estamos confundindo o amor com outros sentimentos menos nobres?

Já citei o problema do ciúme e o faço novamente, porque recebo centenas de e-mails, cartas, telefonemas de pessoas que vivem essa realidade em sua vida. É uma doença, e não me venham dizer que uma pequena dose de ciúme no casamento é bom, porque não é. Ciúme está relacionado a posse, o que é muito diferente de zelo. Este faz parte do amor e implica cuidar, agradar, querer que o outro viva bem. Quanto ao ciúme, a palavra em si já é negativa, pois ninguém é dono de ninguém.

A fascinação, por sua vez, faz parte do universo juvenil, mas precisa caminhar muito até chegar ao amor, por isso é importante estimular o namoro. Não dá para pular todas as etapas e morar junto ou fazer filhos, algo que é muito comum nos dias atuais. Isso resulta no lado negativo da história, sobre o qual venho tratando desde o início deste livro: as pessoas confundem fazer amor com simplesmente fazer sexo, e o resultado é a insatisfação, que pode evoluir para a infelicidade e até para a depressão.

Neste momento, acho que fica mais claro por que tantas vezes eu volto ao mesmo assunto. É um círculo vicioso e, para rompê-lo, temos de atacar a sua origem, que é justamente a compreensão errônea por parte da maioria das pessoas do que seja o amor.

As pessoas não sabem amar, por isso não existe fidelidade nem exclusividade, pois tanto uma quanto outra surgem na maturidade.

Quando Deus afirma "Eu serei o teu Deus e tu serás o Meu povo" (Ez 36,28), Ele está demonstrando exclusividade. Da mesma forma, quando Jesus Cristo disse "Eu dou a vida por meus amigos" (cf. Jo 15,13-14) ou "Estarei sempre convosco" (cf. Mt 28-20), estamos diante de exemplos de fidelidade.

Ambas as declarações são manifestações do amor Ágape, sim, e muitos podem argumentar que esse é um sentimento divino e está muito acima de nós, pobres mortais.

Agora, eu pergunto: mas não é isso que devemos almejar? Não é esse o plano de Nosso Pai, fazer-nos santos?

O amor é uma construção, uma busca constante por algo ideal que podemos até não alcançar, mas, ainda assim, devemos perseguir, em vez de ficar apenas no flerte, na fascinação e no narcisismo. Contudo, infelizmente esse parece ser o caminho que a sociedade atual valoriza, gerando homens e mulheres que se acham tão superiores e independentes que não são capazes de manter um relacionamento profundo com ninguém.

Como já afirmei, as pessoas querem levar uma vida tão perfeita, do ponto de vista da satisfação das suas necessidades, por mais supérfluas que sejam, que não conseguem mais lidar com frustrações e decepções, as quais fazem parte da vida, assim como os defeitos do outro também fazem parte do amor. Aqui cabe um alerta aos pais e educadores, incluindo catequistas: não podemos permitir que essa geração egocêntrica e narcisista se prolifere e devemos trabalhar para resgatar o caminho do amor em que um tem como referência o outro, e ambos a Deus.

Um dos primeiros sinais de que o amor é verdadeiro é a preocupação com o bem-estar da outra pessoa. Não se trata de sentir a dor que ela sente ou de tentar resolver os seus problemas, mas de estar junto com ela nessa batalha, assim como Jesus está sempre presente em nossa vida. O zelo pela pessoa amada é um dos sinais da maturidade e, portanto, de que vale a pena apostar no casamento, na amizade, porque existe amor. Lembro aqui a amizade, porque o amor não existe apenas no relacionamento entre homem e mulher, mas também entre amigos.

Neste momento, faço um convite a uma reflexão profunda: na sua vida amorosa e fraterna, será que você se preocupa com o outro porque lhe faz falta, ou seja, atende a uma necessidade sua, ou porque realmente quer o melhor para ele, independentemente de qualquer recompensa ou benefício para você?

Deus tem muito a nos ensinar sobre o amor, pois não precisa de nada e, mesmo assim, zela por nós. É o avesso do egoísmo.

Portanto, quem ama busca a felicidade do outro, motivo pelo qual podemos afirmar que o amor é exigente. E é por essa razão também que podemos concluir que estamos muito equivocados quando o assunto é amar. Daí tanta ansiedade, tantos remédios controlados, tantas pessoas vivendo solitárias.

Aqui vale a pena citar parte do texto de Oseias: "Como te abandonarei, Efraim, como te abandonarei, porque sou Deus, não sou um homem, sou santo no meio de ti" (Os 11,8-9). O amor de Deus por nós é um amor que perdoa, e essa é uma das maiores exigências do amor: o perdão. Segundo Oseias, o amor de Deus é tão grande que chega, por assim dizer, a virar Deus contra Si próprio, revelando-se ainda mais forte que a Sua justiça.

Será que nós estamos buscando esse amor?

Não estou sugerindo que a culpa seja de cada pessoa em particular, e sim que a sociedade tem contribuído para formar pessoas incapazes de construir o amor, e o Inimigo se beneficia disso, empurrando-as para aquilo que é muito pouco diante do grande amor a ser vivido. Quantas pessoas nem precisam estar solteiras para viverem uma solidão tenebrosa, aquela que chamamos de solidão a dois e corrói boa parte dos casamentos, caracterizada pela falta de cumplicidade e afeto!

E como conseguir resgatar o casamento e o amor perdido?

Comece a olhar para a outra pessoa e a tentar enxergar nela os pontos positivos e não negativos. Claro que os negativos vão continuar existindo, mas é preciso aprender a valorizar aquilo que há de bom, em vez de apontar os defeitos.

Faz pouco tempo eu conversava com dois jovens recém-casados que tinham montado uma casa maravilhosa e reclamavam de ainda não terem mesas. Não perdi a oportunidade de dizer: "Escutem, por que vocês olham apenas para o que não têm e não valorizam o que têm?" No amor é a mesma coisa. Tudo é uma questão de ponto de vista e, mais precisamente, de escolha. Já que escolhemos alguém para casar, por afinidade, admiração e tantos outros pontos positivos — todos sabem muito bem por que casaram e, em sã consciência, ninguém se casa para dar errado —, por que não ter a grandeza de escolher cultivar esses bons motivos em lugar de prestar atenção ao outro lado e correr o risco de perder tudo o que foi construído?

Muitas pessoas afirmam que o coração não escolhe, o amor simplesmente acontece. Isso pode até ser verdade, mas não exime aquele que ama da sua responsabilidade, e a pergunta retorna: uma vez amando e sendo amado, por que não escolher lidar com esse amor da forma mais sublime possível, trabalhando-o para que evolua cada vez mais?

Colocar uma boa dose de razão nas emoções e nos sentidos não os descaracteriza; pelo contrário, ajuda-os a ascender, levando o casamento adiante. O amor pode durar, sim, e feliz de quem conseguir entrar numa relação, seja com Deus, seja com uma outra pessoa, sem marcar data de validade. Nós fomos feitos para construir relações profundas, eternas, à semelhança da que temos com Deus, e se no meio do caminho acontecer alguma coisa, devemos apegar-nos à força do primeiro amor, justamente aquele que emana de Deus, e superar todos os obstáculos. Isso não é novidade, pois está registrado no sacramento do matrimônio, mas as pessoas teimam em esquecer: "na alegria e na tristeza, na saúde e na doença", ou seja, nos momentos bons e ruins, nas conquistas e frustrações.

Certa vez, em uma viagem ao Nordeste, chegou em minhas mãos um livro de cordel muito interessante que dizia mais ou menos o seguinte: "Casamento não é bom, isso é fato verdadeiro. Jesus nunca casou e o diabo vive solteiro."

Ironias à parte, a realidade é que podemos superar todas as dificuldades eventualmente surgidas, tanto quem se dedica à vida religiosa quanto aqueles que estão em um relacionamento conjugal, todos movidos pela maior força existente no mundo: o amor, mas que só perdura quando enraizado no Ágape divino.

Hino ao Amor (1Cor 13,1-13)

Ainda que eu falasse línguas, as dos homens e as dos anjos, se eu não tivesse amor, seria como um bronze que soa ou como um címbalo que tine.

Ainda que eu tivesse o dom da profecia, o conhecimento de todos os mistérios e de toda a ciência, ainda que tivesse toda a fé, a ponto de transportar montanhas, se não tivesse amor, eu nada seria.

Ainda que eu distribuísse todos os meus bens aos famintos, ainda que entregasse o meu corpo às chamas, se não tivesse amor, isso nada me adiantaria.

O amor é paciente, o amor é prestativo, não é invejoso, não se ostenta, não se incha de orgulho.

Nada faz de inconveniente, não procura o seu próprio interesse, não se irrita, não guarda rancor.

Não se alegra com a injustiça, mas se regozija com a verdade.

Tudo desculpa, tudo crê, tudo espera, tudo suporta.

O amor jamais passará. Quanto às profecias, desaparecerão. Quanto às línguas, cessarão. Quanto à ciência, também desaparecerá.

Pois o nosso conhecimento é limitado, e limitada é a nossa profecia. Mas, quando vier a perfeição, o que é limitado desaparecerá.

Quando eu era criança, falava como criança, pensava como criança, raciocinava como criança. Depois que me tornei homem, fiz desaparecer o que era próprio da criança.

Agora vemos em espelho e de maneira confusa, mas, depois, veremos face a face. Agora o meu conhecimento é limitado, mas, depois, conhecerei como sou conhecido.

Agora, portanto, permanecem fé, esperança, caridade, estas três coisas. A maior delas, porém, é o amor.

Cura
Cura
Cura
Cura

PARTE 3

Cura

Para discorrer sobre a cura, retomo o que disse Santo Tomás de Aquino, citando a segunda e melhor razão dada por ele sobre por que a amizade ajuda a aliviar a tristeza: "Quando os amigos se contristam conosco, sentimos que somos amados por eles, o que é deleitável. Como toda deleitação mitiga a tristeza, conforme também já foi dito, resulta que o amigo compadecido nos mitiga a tristeza" (Suma Teológica, I-II, q. 38, a.3).

Ora, se um amigo é um remédio para a alma porque alivia a tristeza, ouso dizer que a família também desempenha esse papel. E também incluo nessa lista o trabalho desenvolvido com prazer, o cultivo de objetivos que impulsionam e dão sentido à vida, a prática de atividades saudáveis de lazer, a capacidade de pedir e dar o perdão e, sobretudo, a consciência de que não estamos sós.

Em nossa jornada, podemos contar com um companheiro de caminhada e o melhor amigo que alguém poderia ter: Jesus, que é, ao mesmo tempo, o médico e o remédio para nossa alma. O Seu amor é incomensurável. N'Ele, com Ele e por Ele, tudo superamos, tudo vencemos e tudo podemos.

Capítulo 9
A família

"Valorizemos, pois, nossa família, com suas alegrias e sofrimentos, conquistas e conflitos."

A família nasceu da vontade e do coração de Deus. Ele criou o homem e a mulher à Sua imagem e semelhança. Também estabeleceu a família, mandando que os homens crescessem e se multiplicassem, povoando a terra (cf. Gn 1,27-28).

Deus criou a companheira do homem a partir de sua costela, demonstrando que ela não está acima nem abaixo dele, mas em condição de igualdade, para caminhar a seu lado. E "por isso um homem deixa seu pai e sua mãe, se une à sua mulher e eles se tornam uma só carne" (cf. Gn 2,20-24), formando, assim, uma comunidade de vida e amor que é o matrimônio. A família nos planos de Deus é o princípio da vida, um lugar de comunhão, composto de pessoas ligadas por laços de sangue e afeto, como marido e esposa, pais e filhos.

Embora, em nossa sociedade, não se considere mais a união entre duas pessoas, feita perante Deus, como instituição divina e o matrimônio pareça cada vez mais "descartável" com tantos casos de separação, o pacto firmado pelo casal, na presença de Deus — "na alegria e na tristeza, na riqueza e na pobreza, na saúde e na doença, amando-se e respeitando-se todos os dias da vida" —, é indissolúvel.

No capítulo 10 do Evangelho de São Marcos, constata-se que Jesus não mudou o que foi dito por Moisés; ao contrário, tornou ainda mais sério o significado do matrimônio, e faço questão de reproduzir o trecho do diálogo de Jesus com os fariseus em que isso fica evidente:

> "Alguns fariseus aproximaram-se d'Ele e, para pô-Lo à prova, perguntaram-Lhe: 'É lícito a um marido repudiar sua mulher?' Ele respondeu: 'Quem vos ordenou, Moisés?' Eles disseram: 'Moisés permitiu escrever carta de divórcio e depois repudiar.' Jesus, então, disse-lhes: 'Por causa da dureza dos vossos corações, ele escreveu para vós esse mandamento. Mas, desde o princípio da Criação, Ele os fez homem e mulher. Por isso, o homem deixará o seu pai e a sua mãe, e os dois serão uma só carne. De modo que já não são dois, mas uma só carne. Portanto, o que Deus uniu o homem não separe.' E, em casa, os discípulos voltaram a interrogá-Lo sobre esse ponto. E Ele disse: 'Todo aquele que repudiar a sua mulher e desposar outra comete adultério contra a primeira; e se esta repudiar o seu marido e desposar outro, comete adultério'" (Mc 10,2-12).

Costumo dizer que ninguém escolhe pai, mãe, avós, tios, pois nascemos em uma determinada família. Também é fato que devemos agradecer por isso, porque com todas as qualidades e defeitos que possa ter, a família deve ser vista como um tesouro, um dom de Deus. O cônjuge, embora não seja algo dado diretamente por Deus, pois depende da escolha de cada um, igualmente faz parte da família, então também deve representar um laço eterno.

Eu me considero um padre de "cabeça arejada", mas existem valores que não caem de moda. Um deles é a castidade. Como já afirmei, os casais estão pulando as etapas, fazendo do namoro um casamento, antecipando intimidades que desvirtuam o foco primeiro desse momento que é o conhecimento mútuo.

Pode parecer retrógrado viver como os casais de antigamente, que tinham de namorar em casa, embaixo dos olhos dos pais, mas não se pode negar que dessa forma havia mais tempo para o conhecimento mútuo e o desenvolvimento de uma ligação muito além do desejo carnal, gerando cumplicidade, amizade, carinho e um imenso bem-querer em primeiro lugar. Tudo isso tem de ser cultivado pouco a pouco para que, quando chegar o momento do casamento, a relação esteja mais sólida do que nunca e possa resistir a todos os desafios.

De tudo, a mensagem principal é que vale a pena investir na família. É ela que contribui e muito para nos moldar e influenciar a forma como encaramos a vida, nós próprios e nossa relação com Deus. Os valores que recebemos na infância serão aqueles que constituirão o nosso caráter.

Está sob a responsabilidade de cada um esforçar-se na busca da harmonia, com boa vontade, diálogo amoroso, tolerância, respeito, companheirismo e paciência. Esses são elementos indispensáveis para o sucesso e a estabilidade da família como plano de Deus.

Família, lugar de comunhão

A Igreja sempre reconheceu e exaltou a importância da família para a construção de uma sociedade equilibrada, justa e fraterna. O beato João Paulo II a descrevia como a célula-mãe da sociedade e a conclamava a ser um santuário de amor, uma pequena igreja doméstica.

A família nasce do amor e só tem sentido no amor, pois vem de Deus. O Criador quis que o homem tivesse a mulher como companheira e ambos participassem da obra da Criação.

A família é a primeira escola a nos ensinar a termos comunhão de amor, onde pessoas devem educar e se educar, pois formam um único ser. É na família que se aprende a viver a generosidade, a unidade, a solidariedade, a partilha, a fé, e onde também se desenvolve a consciência de sermos administradores dos próprios bens, dos bens comuns e da natureza.

A família não visa ao bem individual, mas ao bem de todos que a integram. E, como núcleo de comunhão, a família deve participar da vida da comunidade, trabalhando com outros, servindo como um só corpo.

O que sustenta essa missão é o amor proposto por Jesus. Um amor que socorre, cuida, serve, perdoa. Sendo assim, podemos dizer que a comunhão familiar provém da mesma fonte, o que confere aos seus integrantes um só Espírito, uma só atitude e um só sentimento.

O que enriquece a vivência em comunhão é a experiência pessoal que cada um tem com o Senhor Ressuscitado. A caminhada para o fim último, que é Deus, não é solitária, realizando-se na ajuda mútua, quando caímos e somos ajudados a levantar, da mesma forma que ajudamos outros a levantar e a prosseguir a caminhada.

São Paulo explica quais devem ser nossas atitudes para preservar e viver a comunhão: "Portanto, pelo conforto que há em Cristo, pela consolação que há no Amor, pela comunhão no Espírito, por toda ternura e compaixão, levai à plenitude a minha alegria, pondo-vos acordes no mesmo sentimento, no mesmo amor, numa só alma, num só pensamento, nada fazendo por competição e vanglória, mas com humildade, julgando cada um os outros superiores a si mesmo, nem cuidando cada um só do que é seu, mas também do que é dos outros. Tende em vós o mesmo sentimento de Cristo Jesus" (Fl 2,1-5). Isso não quer dizer que devamos ser "marionetes", e sim agir sem orgulho, rivalidades e egoísmo, com respeito e altruísmo, demonstrando pelo outro o mesmo sentimento de Jesus, que nos ama.

A Santíssima Trindade é Família e comunhão. Então, que possam também nossas famílias ser lugar de comunhão, unidas pelo amor do Pai, do Filho e iluminadas pelo Espírito Santo.

Família, lugar de crescimento

"Desceu, então, com seus pais para Nazaré e era-lhes submisso. E Jesus crescia em sabedoria, em estatura e em graça, diante de Deus e diante dos homens" (Lc 2,51s).

Esta é a missão da família: tornar possível o crescimento dos seus integrantes em sabedoria, estatura e graça.

A família é um dos pilares que sustentam a formação humana e espiritual de uma pessoa. O lar é o lugar privilegiado para o exercício de amor, diálogo, entendimento e transmissão dos princípios que formarão o caráter de cada um e orientarão nossas relações sociais, como ressalta o beato João Paulo II: "A família é o lugar onde as pessoas aprendem pela primeira vez os valores que as guiam durante toda a sua vida."

É no ambiente familiar que temos nossas primeiras experiências de vida; aprendemos a falar, andar, sorrir, compartilhar as pequenas conquistas com aqueles que nos cercam. É também nele que aprendemos os valores morais, a usar corretamente a liberdade, a formar o caráter e a nos tornarmos pessoas de bem, adultos maduros e capazes de contribuir na construção de um mundo melhor.

Crescer em sabedoria requer investimento intelectual e espiritual — mais precisamente, a abertura para o Espírito Santo, que, com seus dons, ajuda a transformar todo o conhecimento adquirido em valores e atitudes dignas. Cabe à família promover um ambiente propício para esse crescimento.

Crescer em estatura implica, ainda, cuidados com saúde, alimentação, bem-estar, e isso também deve ser proporcionado pela família.

A importância do contexto familiar é tão grande que podemos afirmar serem os pais os primeiros catequistas dos filhos. Certamente, José e Maria ensinaram os fundamentos de sua fé a Jesus. Ele os acompanhava até Jerusalém para a Festa do Preceito Pascal.

Assim, é desde o berço que se deve ensinar às crianças as primeiras orações, comentar sobre o amor de Deus por cada um de nós e a obediência que devemos devotar a Ele e a Jesus. A graça é um favor de Deus que nos torna especiais, e isso tem repercussões em todas as nossas ações e no relacionamento com outras pessoas.

Vale lembrar que crescer não é um processo fácil, pois os conflitos e desentendimentos, por vezes, são inevitáveis. Mas, estando bem-estruturada e havendo amor e diálogo, a família saberá administrar esses conflitos. Nesse sentido, sábios são aqueles que percebem que há ocasiões nas quais se pode ter mais liberdade e autonomia, enquanto outras pedem a observância de limites e até mesmo a submissão. Chamo a atenção para o texto no qual se ressalta que Jesus era submisso a Seus pais e, em seguida, que Ele crescia em sabedoria, estatura e graça; logo, a submissão é positiva e leva ao crescimento.

Percebo, por meio dos relatos feitos a mim, que mesmo pais e filhos cujo relacionamento é tranquilo enfrentam divergências e até conflitos quando os últimos chegam à adolescência.

As mudanças começam a ocorrer tanto nos aspectos físicos quanto no tocante às emoções; há uma revolução hormonal que gera transformações no corpo e no comportamento. Em consequência, os filhos ficam mais irritadiços, inquietos, revoltados e um pouco agressivos.

É uma das etapas mais difíceis da vida: o adolescente está deixando de ser criança, mas ainda não é um adulto. Claro que tudo é relativo e depende de cada caso, sendo perfeitamente possível que um adolescente passe por essa fase e chegue à maioridade sem grandes perturbações, enfrentando de forma serena o turbilhão de mudanças.

Ocorre que, a partir da puberdade, os filhos deixam de ver o mundo exclusivamente pela ótica dos pais e começam a descobri-lo à sua maneira, o que é uma forma legítima de mostrar sua personalidade e firmar seu espaço. Por isso, é muito comum os adolescentes discordarem da opinião dos pais em quase tudo. É o tempo da insegurança, do questionamento, da autoafirmação e também das frustrações diante daquilo que não conseguem resolver sozinhos. Eles próprios não sabem como lidar com o fato de estarem crescidos para algumas coisas e imaturos para outras.

Tudo isso faz parte de uma etapa de desenvolvimento que não deve ser pulada. É importante que o adolescente a viva em sua plenitude, a fim de tornar-se verdadeiramente adulto.

Portanto, cabe à família, especialmente aos pais, ajudar os filhos a crescerem, e a melhor maneira resume-se em uma prática muito simples, porém cada vez menos realizada: diálogo e amor.

Família, lugar de encontro

A família começa com o encontro de duas pessoas que se amam e desejam formar uma só carne. Por isso, é um lugar de encontro, união e segurança. Tenho dito para os pais que façam do lar um ninho de amor, para que, por mais que os filhos cresçam e alcem voos sozinhos, voltem e o tenham como um ponto de encontro e um porto seguro para onde sempre poderão retornar.

A família de Nazaré deve inspirar-nos. Ela viveu momentos de alegria, mas também de apreensão — por exemplo, quando, sem que Maria e José notassem, Jesus perdeu-se deles durante uma viagem. Ao notarem a falta do menino, voltaram a Jerusalém, e somente três dias depois O encontraram no Templo, entre os doutores (cf. Lc 2,43-46).

Muitas vezes, na família, dizemos ou fazemos coisas que magoam. Em nosso íntimo, também nos sentimos magoados pelo que dizem ou fazem e nos fechamos, seguindo em frente sem buscar e dar o perdão. Isso compromete a qualidade das relações e, por conseguinte, gera afastamento, pois o perdão é a base para a paz familiar e a reconciliação. O grande problema é que costumamos adiar a tomada de uma atitude, acreditando que a pessoa sempre estará ali ao nosso alcance e outra hora poderemos conversar, elogiar, demonstrar carinho. Só que essa "outra hora" pode não chegar e, quando nos damos conta, já pode ser tarde.

Na vida, perdemo-nos uns dos outros. E, o que é pior, muitas vezes nos perdemos de Jesus, quando Ele deixa de ser prioridade e o centro de nossa vida familiar. É fundamental fazermos um esforço para voltar atrás, buscar e reencontrar.

Não são poucas as ameaças que rondam as famílias. Um dos grandes desafios está nas más influências que chegam de toda parte, incluindo os meios de comunicação, especialmente os programas que se empenham em conseguir audiência à custa de situações desastrosas, conflituosas, problemáticas, e ignoram solenemente exemplos saudáveis que possam servir de estímulo para o desenvolvimento familiar.

Diante de tantas provações, é preciso ter referenciais fortes, como valores, e incentivar momentos que propiciem o encontro entre os familiares — por exemplo, durante as refeições. Hoje, não há mais o hábito de reunir a família toda à mesa para almoçar ou jantar, e cada um leva o seu prato para a frente da televisão ou da internet. Costumo brincar, mas é verdade que está muito fácil mobiliar uma casa, pois não é mais preciso comprar mesa e cadeiras, basta um sofá, uma cama, uma TV e um computador.

Não podemos permitir que o lar se transforme em uma espécie de pensão, que as pessoas utilizam apenas para dormir e trocar de roupa. A casa deve ser um local de encontros, momentos prazerosos, alegria, cumplicidade, refúgio, e não apenas um espaço onde moram pessoas com o mesmo sobrenome.

Família, lugar de superação de conflitos

Um dos maiores problemas atuais é o desamor, o desajuste familiar, que, não por acaso, está na origem de grande parte dos diagnósticos de depressão.

A tecnologia está muito avançada, mas ainda não inventaram uma máquina que faça uma leitura da vida espiritual ou da alma das pessoas. Se isso fosse possível, constataríamos que hoje os corações estão feridos, machucados por falta de amor.

Como já expliquei, mais que um simples sentimento, o amor exige uma disposição de renunciar a si mesmo, que acaba sendo o fiel da balança no equilíbrio dos relacionamentos. Num casamento, é preciso que haja concessões, senão ele não sobrevive. O amor tudo crê, tudo espera, tudo perdoa.

Há casais e famílias aparentemente vivendo em harmonia, mas, se olharmos de perto, talvez não seja bem assim, pois tem muitas pessoas que vivem juntas, na mesma casa, com o mesmo sobrenome, e estão muito distantes umas das outras, acomodadas em seus caprichos e suas vontades.

Uma pergunta crucial que deve ser respondida é: até que ponto estamos dispostos a mudar pelos outros, para que haja harmonia na família, para salvar o matrimônio?

O amor implica procurar abrir mão dos próprios interesses em favor da vida a dois. E há muitos homens e mulheres casados que não conseguiram amadurecer e vivem como se fossem solteiros, sem responsabilidade e compromisso, incapazes de crer no amor restaurador de Deus. Uma crise matrimonial ou familiar deve ser resolvida em Deus, na Palavra, nos ensinamentos de Jesus, e não na cabeleireira, na manicure, no shopping ou, no caso dos homens, no boteco, na sinuca, no futebol.

Precisamos abrir nosso coração para Deus e deixá-Lo agir. Não devemos crer num Deus fraco, que fica dentro do sacrário e não tem poder sobre nossa vida. Quem não se sente amado por Ele não saberá amar seu cônjuge nem seus filhos, pois foi Deus quem nos amou primeiro (cf. 1Jo 4,19). Essa verdade é comprovada pela Sua ação: por nos amar primeiro, Sua primeira ação foi criar-nos, ou seja, quando fez isso, Ele já nos tinha amado.

O ideal seria um modelo de família a exemplo da Sagrada Família. Todas as qualidades requeridas para ser um bom pai estão em José, e aquelas que definem o perfil de uma boa mãe encontram-se em Maria, enquanto as de um bom filho repousam em Jesus. E as principais características que tinham em comum eram a fé e a obediência a Deus.

Na família, assim como no casamento, muitas vezes não temos paciência de esperar, pois desaprendemos a respeitar a velocidade e o tempo do outro, afinal somos a "geração do on-line". Porém, temos de entender que as pessoas à nossa volta, incluindo as mais próximas — como pai, mãe, marido, esposa, filhos — não encontrarão Deus na mesma hora, pois cada um tem o seu momento com Deus.

Portanto, não podemos querer que o amadurecimento espiritual do outro ocorra ao mesmo tempo que o nosso. Mas a questão é: como viver essa espera pelo encontro com o Senhor?

É necessária uma espera orante diante do Senhor, e não aquela de quem assiste a novelas ou navega na internet. Temos de praticar a espera vigilante, pois nosso papel é semear e não colher. Cabe a Deus colher, e a nós, viver essa espera, pois o Senhor vai agir na hora d'Ele.

Quando a dor for grande demais, fale com Deus, visite mais o Santíssimo. Se tiver de brigar, brigue com o Senhor; se vai reclamar, reclame com o Senhor. Se a mágoa for profunda e vier uma lembrança dolorosa, entregue ao Senhor, mesmo que se manifeste muitas vezes.

É verdade que quem leva uma pancada nunca esquece, assim como quem é traído também não, contudo perdoar não é apagar da memória, e sim lembrar sem sofrer. Portanto, quem já sofreu a dor da traição deve entregar ao Senhor; a cicatriz fica, mas a dor passa.

Quem é fiel à Palavra não agrada todo mundo e não pode ficar em cima do muro, pois isso indicaria um coração dividido. Como padre, desejo a santidade, assim como todas as pessoas devem desejar. É o que disse São João da Cruz: "Ou tudo, ou nada." É na fé e na oração que a família cresce em santidade e amor.

Para os casais, a santidade é atingida conforme São Paulo ensina na Primeira Carta aos Coríntios: "Porque o marido que não tem a fé é santificado por sua mulher; assim como a mulher que não tem a fé é santificada pelo marido que recebeu a fé" (1Cor 7,14).

Já a família torna-se Templo de Deus, Casa de Deus quando todos os seus integrantes procuram traduzir em sua vida o que também São Paulo recomendou: "Revesti-vos de sentimentos de compaixão, suportando-vos uns aos outros com amor e perdoando-vos mutuamente, se alguém tem motivos de queixa contra o outro" (cf. Cl 3,12-13).

Valorizemos, pois, nossa família, com suas alegrias e sofrimentos, conquistas e conflitos. Não existem pessoas perfeitas; todos somos frágeis, limitados, então juntemos as imperfeições ao amor perfeito que é Deus, dividindo as limitações, somando as qualidades, multiplicando o bem-querer e dispondo-nos a crer que Deus tudo pode.

Mesmo Jesus, em Sua vida terrena, teve de administrar conflitos familiares, como é relatado no Evangelho de São Marcos, segundo o qual quando os Seus tomaram conhecimento daquilo que Ele realizava, saíram para detê-Lo, pois diziam: "Enlouqueceu" (cf. Mc 3,21).

Por certo, os "Seus" eram os familiares de Jesus, a Sua casa. Provavelmente, não conseguiram dimensionar qual era a missão de Jesus e administrar o que estava acontecendo, como os comentários sobre Seus feitos, as curas realizadas, a desobediência à Lei do Sábado, a multidão que O seguia onde quer que fosse, enfim, todos esses fatos provocaram uma mudança drástica na rotina da família, e eles O taxaram de "louco". Outra passagem do Evangelho afirma que se escandalizavam com Ele, e Jesus faz a seguinte constatação: "Um profeta só é desprezado em sua pátria, em sua parentela e em sua casa."

Devemos entender que a família está sujeita a conflitos que balançam sua estrutura justamente por ser o ponto mais sensível da sociedade, onde deságuam todos os problemas, entre os quais desemprego, traição, violência, dependência de drogas, conflitos sexuais, dificuldades financeiras, doenças e tantos outros. Nesses momentos, é preciso agir com serenidade, movido pelo amor e pelo perdão.

Os textos não afirmam que Jesus discutiu com Seus familiares e tentou provar que estava certo. Ele sabia quem era e o que deveria fazer, e isso bastava. Nós, muitas vezes, gastamos muito tempo com discussões inúteis, quando o melhor é nos recolhermos em oração, pedir a luz do Espírito Santo e só depois resolver os conflitos com e em Deus.

No caso da depressão, por exemplo, é claro que a família pode e deve ajudar a pessoa a dar os primeiros passos, mas normalmente o que ocorre é que, na ânsia de fazer alguma coisa, surgem julgamentos como: "Você precisa levantar", "Você tem de ser forte". Isso acaba gerando um novo conflito, pois de nada adianta cobrar de alguém uma atitude para a qual ela não tem energia naquele momento. Isso desperta no depressivo a sensação de que ninguém entende o que ele está sentindo, contribuindo para piorar ainda mais o seu estado. Não por acaso, é comum ouvir pessoas se queixando da imposição de comportamentos por parte de amigos próximos ou familiares, que perdem uma boa oportunidade de ajudar, justamente por passarem essa impressão de serem "donos da verdade".

Quem está à volta do doente têm realmente muito a contribuir, mas trata-se de um papel de coadjuvante, muito mais no sentido de oferecer amparo do que determinar o que a pessoa deve ou não fazer. Outro tipo de colaboração fundamental é aquela focada nas questões práticas do dia a dia, até mesmo na verificação do uso correto dos medicamentos, pois a pessoa que se encontra com suas funções físicas e mentais debilitadas muitas vezes perde as rédeas da própria vida e necessita muito de apoio.

Enfim, com seus erros e acertos, virtudes e defeitos, a família é o bem mais precioso que Deus nos deu. Sendo assim, temos de cuidar muito bem dela. Muitos se referem à família como uma entidade à parte. Não. Cada um de nós é expressão da família e temos responsabilidade para com aqueles que são nossos familiares. Quando me perguntam: "Padre, o que eu faço?" Respondo: seja a ponte, dê o primeiro passo para superar os conflitos e construir algo de novo.

A Sagrada Família

A Família de Nazaré continua sendo e sempre será um modelo para as demais. Ela é exemplo para nós e nos faz acreditar na importância e no papel primordial do suporte familiar.

Somos convidados a imitar suas virtudes, vivendo em nosso lar a comunhão fraterna, o perdão, o amor, a tolerância e a construção da "igreja doméstica".

A Sagrada Família, como todas as outras, enfrentou problemas e foi amadurecendo na vivência de alegrias e tristezas, sucessos e sofrimentos.

"A família é a comunidade na qual desde a infância se podem assimilar os valores morais e em que se pode começar a honrar a Deus e a usar corretamente da liberdade. A vida em família é iniciação para a vida em sociedade" (CIC 2207).

Olhemos, pois, para a Sagrada Família de Nazaré e seus ensinamentos tão aplicáveis ao nosso dia a dia. Maria é a cheia de graça. E não pensemos que ela sabia e compreendia tudo. Antes, era uma mulher do silêncio que guardava tudo no coração. E, diante do que não compreendia, não ia aconselhar-se com as "comadres" na vizinhança, e sim mergulhava em oração. Era em Deus que buscava as respostas e o entendimento.

Como as mulheres de hoje, Nossa Senhora viveu de incertezas. A única certeza que tinha era a obediência e o amor a Deus. Quando aceitou ser a mãe do Filho de Deus, não sabia da Cruz, da Sexta-Feira da Paixão, assim como as mães não sabem como será o futuro dos filhos. Ainda assim, enfrentou os momentos de tristeza e sombras, mantendo-se fiel a Deus, acreditando na Sua promessa e sendo presença amorosa na vida do Filho até o fim.

Diferentemente das cobranças que vemos hoje dentro dos casamentos, em que a qualidade de um marido está subordinada à sua capacidade de ser um competente provedor, ou seja, de sustentar sua família e proporcionar-lhe visível conforto, em São José encontramos a verdadeira essência do bom companheiro: esposo fiel e homem de família dedicado. Aceitou o exílio, as mudanças e não desistiu da paternidade frente a tantos infortúnios.

Compreensivo, soube discernir suas inquietações, mesmo no que se referia à virgindade de Maria, superando-as na oração e não nas rodinhas de bar, onde as piadas tratam a sexualidade como mero objeto de humor barato.

São José também mostrou ser um homem justo, virtude cada vez mais rara, principalmente numa sociedade em que a injustiça e a corrupção já se tornaram tão frequentes a ponto de muitas pessoas não saberem mais distinguir o comum do normal. Como padre, não posso eximir-me e deixar de alertar para essa grande diferença. Hoje em dia, pode até ser comum um político estar envolvido em escândalos de caixa dois ou apropriação indevida de recursos públicos, assim como pessoas anônimas fazerem de tudo para conquistar fama e dinheiro, mas não me venham dizer que isso é normal. Ser íntegro e ganhar o pão como fruto do próprio trabalho ainda é o que todo homem de bem deve ensinar aos seus filhos, assim como fez São José.

Olhar para a Sagrada Família é, sem dúvida, um convite para que olhemos com mais atenção para a qualidade de nossos próprios relacionamentos, cabendo aqui uma pergunta muito simples, porém de grande profundidade: e a sua família, como vai?

Salmo 99 (100)

1. Aclamai ao Senhor, terra inteira,
2. servi ao Senhor com alegria, ide a Ele com gritos jubilosos!
3. Sabei que só o Senhor é Deus, Ele nos fez e a Ele pertencemos, somos Seu povo, o rebanho do Seu pasto.
4. Entrai por Suas portas dando graças, com cantos de louvor pelos Seus átrios, celebrai-O, bendizei o Seu nome.

5. Sim! Porque o Senhor é bom: o Seu amor é para sempre, e Sua verdade de geração em geração.

Glória ao Pai, ao Filho e ao Espírito Santo, como era no princípio, agora e sempre. Amém.

Capítulo 10
O trabalho

"O trabalho é tão sagrado como a oração."

"Deus criou o homem à Sua imagem, à imagem de Deus Ele o criou, homem e mulher Ele os criou. Deus os abençoou e lhes disse: 'Sede fecundos, multiplicai-vos, enchei a terra e submetei-a; dominai sobre os peixes do mar, as aves do céu e todos os animais que rastejam sobre a terra'" (Gn 1,27-28).

Desde sua origem, quando o homem recebeu do Criador a missão de "dominar" a terra (cf. Gn 1,28) e, depois, foi levado ao Jardim do Éden para "cultivar" e "guardá-lo" (cf. Gn 2,15), foi feita uma alusão clara sobre a importância do trabalho. Não obstante, diante da desobediência, Deus determinou ao homem: "Com o suor de teu rosto comerás teu pão" (cf. Gn 3,19).

Essa afirmação define o trabalho não como punição, mas enquanto meio de redenção. Portanto, dedicar-se a uma ocupação não deve ser visto como castigo, maldição ou um fardo que leva à tristeza, à depressão e a conflitos, e sim como algo necessário para nossa sobrevivência, que podemos realizar usando nossa capacidade de raciocínio. O trabalho é, ainda, um fator de integração social, que dignifica a condição humana, elevando nossa autoestima, pois faz com que nos sintamos verdadeiramente úteis.

Como reconhece as leis dos homens, para Deus o trabalho também é um direito fundamental e um dever de cada indivíduo. A profissão ou o cargo que a pessoa ocupa é sua referência como cidadão. Jesus trabalhou e santificou o trabalho. Ele era conhecido como "carpinteiro" (cf. Mc 6,3) e também "filho do carpinteiro" (cf. Mt 13,55), pois Seu pai adotivo, São José, tinha essa profissão e ensinou a Jesus o ofício, que Ele exerceu até iniciar Sua vida pública. Nessa fase, Ele assim se expressou: "O meu pai agora está trabalhando, e eu também estou trabalhando" (cf. Jo 5,17).

São Paulo também tinha uma profissão: era tecelão. Segundo os Atos dos Apóstolos, quando foi para a cidade de Corinto, encontrou um judeu chamado Áquila e sua esposa, Priscila, que eram artesãos, mais precisamente fabricantes de tendas, e ficou hospedado e trabalhando na casa de seus anfitriões (cf. At 18,2s). São Paulo foi um grande propagador do Evangelho, por isso é conhecido como "o apóstolo de todas as gentes", mas, além disso, ele nunca fez "corpo mole" e sempre trabalhou pelo seu próprio sustento, como lemos em sua Primeira Carta aos Tessalonicenses: "Ainda vos lembrais, meus irmãos, dos nossos trabalhos e fadigas. Trabalhamos de noite e de dia para não sermos pesados a nenhum de vós. Foi assim que pregamos o Evangelho de Deus" (1Ts 2,9).

O apóstolo dá o exemplo, por isso é radical e austero com quem não leva a sério o trabalho ao afirmar:

> "Nós vos ordenamos, irmãos, em nome do Senhor Jesus Cristo, que vos afasteis de todo irmão que leve vida desordenada e contrária à tradição que de nós receberam. Bem sabeis como deveis imitar-nos. Não vivemos de maneira desordenada em vosso meio nem recebemos de graça o pão que comemos; antes, no esforço e na fadiga, de noite e de dia, trabalhamos para não sermos pesados a nenhum de vós. Não porque não tivéssemos direito a isso, mas foi para vos dar exemplo a ser imitado.

> Quando estávamos entre vós, já vos demos esta ordem: quem não quer trabalhar também não há de comer" (2Ts 3,6-10).

Para Santo Agostinho, o trabalho era um preceito religioso, uma ação humana laboriosa e digna do Senhor, com destaque para a agricultura. Reforçava que a desocupação e o ócio conduziam o homem aos vícios, e o trabalho era o melhor antídoto contra isso. A mesma recomendação é dada por alguns provérbios, como "Mente vazia, oficina do Diabo" e "A preguiça é a mãe de todos os vícios".

São Bento de Núrsia também compartilhava do ponto de vista que trabalhar e rezar santificam e devem ser as atividades honrosas de todos os homens. Ele fundou a Ordem Monástica dos Beneditinos e é autor de uma austera regra seguida por seus monges. Conhecida como Regra de São Bento, tem como eixo o preceito "*Ora et labora*" (Orar e trabalhar), em torno do qual é organizada a rotina dos monges beneditinos. Conforme desejou São Bento, o sustento dos integrantes da Ordem é tirado dos trabalhos realizados dentro do próprio mosteiro, desde os mais simples até os que exigem grande capacidade intelectual.

Nos anos em que Jesus passou em Nazaré, ao exercer a profissão de carpinteiro, fez questão de santificar o trabalho conforme se vê na seguinte explanação do Catecismo da Igreja Católica:

> "O trabalho honra os dons do Criador e os talentos recebidos. Também pode ser redentor. Suportando a pena do trabalho unido a Jesus, o artesão de Nazaré e o crucificado do Calvário, o homem colabora de certa maneira com o Filho de Deus em Sua obra redentora. Mostra-se discípulo de Cristo carregando a cruz, cada dia, na atividade que é chamado a realizar. O

trabalho pode ser um meio de santificação e uma animação das realidades terrestres no Espírito de Cristo" (CIC 2427).

A mesma característica santificadora do trabalho foi enfatizada por padre Pio de Pietrelcina, sacerdote da Ordem dos Capuchinhos, reconhecido como santo por sua capacidade de curar os enfermos, ao afirmar: "O trabalho santifica na medida em que o desempenhamos bem, com alegria, atenção, capricho, sem visar somente ao lucro, e porque ele fará bem a nós e aos irmãos, com agradecimento a Deus pelos dons recebidos e pelo amor de Jesus Cristo. O trabalho é tão sagrado como a oração."

Tenho consciência de que nossa realidade atual é cruel: muitos têm qualificação, querem trabalhar, mas não encontram uma oportunidade. Foi-se o tempo em que um recém-formado esperava tranquilo o convite de emprego, podendo escolher aquele que oferecia as melhores condições, e, quando entrava numa empresa, fazia carreira e ali permanecia até a aposentadoria. Hoje, em função da saturação do mercado na maioria das áreas, os jovens saem com o diploma debaixo do braço, distribuindo currículos e permanecem à espera de um contato que muitas vezes não ocorre, acabando por trabalhar na primeira colocação disponível ainda que não seja o cargo para o qual se prepararam anos a fio.

A globalização e o avanço tecnológico têm sido causa de redução de custos, corte de funcionários e fechamento de empresas que não conseguem acompanhar as mudanças do mercado, o que gera instabilidade e aumento do desemprego. Além disso, o mercado está cada vez mais exigente e o funcionário tem de se atualizar constantemente, buscar informações, aprender a usar novas ferramentas e dominar outros idiomas para conseguir manter sua empregabilidade.

É importante ressaltar que todo trabalho honesto, independentemente do nível de formação e das habilidades que exija, é louvável e merece respeito. Por outro lado, embora não exista ocupação indigna no que diz respeito a quem a executa, são frequentes as denúncias de existência de condições impróprias de trabalho e salários igualmente aviltantes.

São fatos preocupantes que nos impelem a consultar o Compêndio da Doutrina Social da Igreja, que é formada pelo conjunto de escritos e mensagens, incluindo encíclicas, exortações, cartas, declarações e pronunciamentos de magistério. Trata-se de "uma aplicação da mensagem do Evangelho à realidade social. A finalidade do ensinamento social da Igreja é apresentar aos homens o plano de Deus para a realidade secular, iluminando-lhes a inteligência com a verdade e auxiliando-os na execução desse plano" (CDSI 1).

Essas reflexões têm ajudado e orientado para a ação sob a perspectiva de ensinamentos cristãos, buscando anunciar, nos diversos contextos sociais, os métodos apropriados e indispensáveis na busca por um mundo mais justo e humano. Os princípios éticos primordiais da Doutrina Social da Igreja, que envolvem o ser humano e sua vocação, são: a vida, a dignidade, os direitos da pessoa, a opção preferencial pelos pobres e a solidariedade.

O Catecismo da Igreja Católica afirma: "Um sistema que 'sacrifica os direitos fundamentais das pessoas e dos grupos à organização coletiva da produção' é contrário à dignidade do homem. Toda prática que reduz as pessoas a não serem mais que meros meios que têm em vista o lucro escraviza o homem, conduz à idolatria do dinheiro e contribui para difundir o ateísmo" (CIC 2424). Nesse sentido, no Evangelho de São Mateus também encontramos o seguinte alerta: "Não podeis servir ao mesmo tempo a Deus e ao dinheiro" (cf. Mt 6,24; Lc 16,13).

Sobre o salário justo, a Igreja ensina que ele é fruto legítimo do trabalho e recusá-lo ou retê-lo constitui grave injustiça. Negar o salário aos que trabalham, ou seja, a injustiça contra o assalariado é um dos pecados que bradam ao Céu (CIC 1867). A esse respeito, São Tiago disse: "Lembrai-vos de que o salário, do qual privastes os trabalhadores que ceifaram os vossos campos, clama, e os gritos dos ceifeiros chegaram aos ouvidos do Senhor dos Exércitos" (Tg 5,4).

Alguns dizem que os dias deveriam ter 38, quarenta horas para conseguirmos dar conta de tudo o que temos para fazer, mas acredito que seja uma questão de prioridade, organização e disciplina. Ou seja, para atingir o resultado desejado, é preciso saber administrar o tempo.

Se pensarmos bem, o trabalho já ocupa boa parte de nossa vida e não faz sentido ampliar ainda mais seu espaço. A jornada da maioria dos trabalhadores é de oito horas por dia, cinco dias por semana. Num mês de quatro semanas, chega-se a um total de 160 horas que são vivenciadas no ambiente de trabalho. É um número elevado, sem dúvida, e justamente por isso o trabalho é um fator determinante da nossa qualidade de vida.

Muitos dizem "feliz no trabalho e infeliz no amor" ou "sorte no amor e azar no trabalho", mas, na verdade, a vida do ser humano é uma coisa só, e quem está infeliz no trabalho não pode estar bem no âmbito emocional e vice-versa. E a explicação para essa relação de simbiose entre vida profissional e pessoal está na própria dinâmica do nosso dia a dia: se passamos a maior parte do tempo trabalhando, a atividade que desenvolvemos, seja ela qual for, ocupa um lugar central em nossa vida; portanto, temos de fazer com que seja algo agradável, saudável e de paz. Infelizmente, não é isso que ocorre em boa parte dos casos, daí o surgimento de toda sorte de insatisfações e frustrações que acabam comprometendo a saúde das pessoas, tanto no plano físico quanto no psíquico.

Existem algumas dicas que podem ajudar a reverter esse quadro e fazer com que o trabalho seja, sim, fonte de alegria e prazer, a começar pelos cuidados com a saúde do corpo. Seja operacional ou intelectual, a atividade que desenvolvemos depende do funcionamento apropriado de nosso organismo, como uma verdadeira máquina, e para isso ele precisa estar plenamente "abastecido". Assim, a alimentação e o repouso adequados são muito importantes, pois garantem a disposição necessária para enfrentarmos a jornada diária de trabalho.

Em relação ao sono, especificamente, muitos são adeptos da prática de dormir bem, mas não muito, porém o correto é repousar o tempo necessário. Embora varie de acordo com cada pessoa, sugere-se como ideal o período de sete a oito horas de sono, lembrando que a redução desse período pode levar a problemas como déficit de atenção e dificuldades relacionadas à concentração e à memória. Para que se tenha um descanso adequado, também é importante prestar atenção em detalhes como o nível de conforto propiciado pelo colchão e pelo travesseiro, que deve estar na altura correta, e buscar sempre um ambiente escuro e silencioso.

Do ponto de vista das relações no ambiente de trabalho, também há alguns cuidados que devem ser tomados.

A inveja, por exemplo, é extremamente prejudicial, tanto para quem é alvo desse sentimento quanto para aquele que a emana. Assim, por mais preteridos que nos sintamos, é imprescindível cultivar a felicidade mesmo diante da escolha de um outro colega para receber aquela promoção pela qual tanto batalhamos, sem permitir que a inveja nos envenene. Como? Confiando em Deus que outra "porta" será aberta.

Da mesma forma, quando nos deparamos com inimizades explícitas, temos de buscar proteção na oração, pedindo o discernimento do Espírito Santo para tomarmos consciência da razão de tais conflitos. A reconciliação sempre é a melhor solução.

Outra providência que está ao nosso alcance é evitar remoer problemas e desavenças no caminho de volta para casa, pois o sumo destilado dessa carga negativa pode envenenar o ambiente familiar. Para ajudar nesse intento, temos de nos disciplinar para começar o expediente de trabalho com uma breve oração pedindo luz e discernimento e, ao terminá-lo, rezar pela entrega dos problemas a Deus.

Também podemos neutralizar o mal que nos desejam com uma oração de bênção em favor daqueles que o emanam. Sim, porque conforme Nosso Senhor Jesus Cristo ensinou, devemos rogar pelos que nos caluniam (cf. Lc 6,28).

De tudo, o mais importante é compreender que não podemos viver em comunidade sem ter conflitos, pois eles fazem parte do convívio, e após resolvermos um sempre surge outro. Portanto, é preciso aprender a ter uma vida feliz colhendo as rosas sem nos deixarmos machucar pelos espinhos.

Como muitos sabem, São José é considerado o patrono dos trabalhadores. Ao assumir a paternidade de Jesus, ele cuidou de Suas necessidades e das de sua esposa, Maria, por meio de seu ofício. Assim, vale a pena recorrer à sua intercessão perante Jesus para a santificação do nosso trabalho:

Glorioso São José, modelo de todos os que se consagram ao trabalho, alcançai-me a graça de trabalhar com espírito de penitência, em expiação dos meus pecados.
De trabalhar com consciência, pondo o cumprimento do meu dever acima das minhas inclinações naturais.
De trabalhar com agradecimento e alegria, olhando como uma honra o poder de desenvolver por meio do trabalho os dons recebidos de Deus.
Alcançai-me a graça de trabalhar com ordem, constância, intensidade e presença de Deus, sem jamais retroceder ante as dificuldades.
De trabalhar, acima de tudo, com pureza de intenção e desapego de mim mesmo,
tendo sempre diante dos olhos todas as almas e as contas que prestarei a Deus: a do tempo perdido, das habilidades inutilizadas, do bem omitido e das vaidades estéreis em meu trabalho, tão contrárias à obra de Deus.
Tudo por Jesus, tudo por Maria, tudo à vossa imitação, patriarca São José. Amém.

O desemprego leva aquele que o vivencia a se sentir deprimido, incapaz e derrotado. Nesse momento, a fé é muito importante, pois possibilita acreditar que Deus está preparando algo melhor e nos faz esperar com confiança, apesar das dificuldades.

Recebo muitas partilhas de pessoas, geralmente pais de famílias, que chegam a dizer "Padre, eu preferia a doença ao desemprego", como escreveu um trabalhador que, após vinte anos de atuação na mesma empresa, foi dispensado e ficou três anos sem conseguir trabalho. Com o passar do tempo, gastou o que havia recebido na rescisão contratual e não conseguiu honrar suas dívidas, em especial o financiamento da casa, pois o dinheiro que conseguia com "bicos" não era suficiente.

Procurou conhecidos, prestou concursos, enviou currículos, mas não obtinha nenhum retorno positivo. Foi tomado pelo desespero e já não conseguia encarar os filhos nos olhos tamanha era a sua sensação de fracasso. Depois de muito tempo de provação, exatamente durante a novena de São José Operário, foi chamado para uma entrevista e conseguiu uma colocação. Hoje está trabalhando e possui um salário inferior ao que recebia em seu emprego anterior, mas o importante é que retornou ao mercado de trabalho e, aos poucos, a vida está voltando ao normal.

Certamente, neste exato momento o mesmo problema é enfrentado por milhões de pessoas, que precisam ter coragem para não deixar o desânimo tomar conta e acordar a cada dia com esperança e confiança na misericórdia divina.

Salmo 86 (87)

1. Inclina Teu ouvido, Senhor, responde-me, pois eu sou pobre e indigente!
2. Guarda-me, porque sou fiel. Salva Teu servo que em Ti confia! Tu és o meu Deus.
3. Tem piedade de mim, Senhor, pois é a Ti que eu invoco todo o dia!
4. Alegra a vida do Teu servo, pois é a Ti, Senhor, que eu me elevo!
5. Tu és bom e perdoas, Senhor, és cheio de amor com todos os que Te invocam.

6. Senhor Deus, atende à minha prece, considera minha voz suplicante!
7. Eu grito a Ti no dia da angústia, pois Tu me respondes, Senhor!
8. Entre os deuses não há outro como Tu, nada que se iguale às Tuas obras!
9. Todas as nações virão Te adorar e dar glória ao Teu nome, Senhor,
10. pois Tu és grande e fazes maravilhas, Tu és Deus, Tu és o único.
11. Ensina-me Teus caminhos, Senhor, e caminharei segundo Tua verdade; unifica meu coração para temer o Teu nome.
12. Eu Te agradeço de todo o coração, Senhor meu Deus, vou dar glória ao Teu nome para sempre,
13. pois é grande o Teu amor para comigo: tiraste-me das profundezas do Xeol.*
14. Ó Deus, os soberbos se levantam contra mim, um bando de violentos persegue minha vida, à sua frente não há lugar para Ti.
15. Tu, Senhor, Deus de piedade e compaixão, lento para a cólera, cheio de amor e fidelidade,
16. volta-Te para mim, tem piedade de mim! Concede Tua força ao Teu servo, e Tua salvação ao filho de Tua serva:
17. realiza um sinal de bondade para mim! Meus inimigos verão e ficarão envergonhados, pois Tu, Senhor, me socorres e consolas.

Glória ao Pai, ao Filho e ao Espírito Santo, como era no princípio, agora e sempre. Amém.

---

* Variação do termo hebraico *Sheol*, que indica o local de punição dos mortos.

Capítulo 11
O lazer

"Cada acontecimento é um dom de Deus, portanto desfrutar dos bons momentos e aprender com os ruins são sinais de sensatez e sabedoria."

A ansiedade é considerada uma reação normal ao estresse. Ao observarmos a correria do dia a dia, percebemos que, de modo geral, cada vez mais nos tornamos pessoas nervosas, ansiosas, irritadas, estressadas e angustiadas. Isso é uma resposta natural aos desafios que enfrentamos.

De fato, uma vida sem situações estressantes é praticamente impossível, mas podemos prevenir seus efeitos negativos mantendo uma boa qualidade de vida, o que implica conciliar trabalho, lazer e atividades físicas.

Deus criou tudo o que existe em seis dias e no sétimo descansou, por isso esse dia foi santificado, abençoado. Jesus, por Sua vez, contrariou o preceito e trabalhou no sábado realizando curas, ensinando-nos que para a caridade não tem dia nem hora.

Com Sua ressurreição, começou um novo tempo no qual tudo se recria. Nessa nova etapa, pelo fato de Jesus ter ressuscitado no domingo, primeiro dia da semana, essa data passou a ser um marco para o cristão, o "Dia do Senhor" (cf. Ap 1,10). O Papa João Paulo II assim se pronunciou na carta apostólica *Dies Domini*:

> "No domingo, pois, mais que uma 'substituição' do sábado, é sua realização perfeita, e em certo modo sua expansão e sua expressão mais plena, no caminho da história da salvação, que tem seu auge em Cristo... O que Deus obrou na Criação e o que fez por Seu povo no Êxodo encontrou na morte e na ressurreição de Cristo seu cumprimento... É em Cristo que se realiza plenamente o sentido espiritual do sábado, como destaca São Gregório Magno: 'Nós consideramos como verdadeiro sábado a pessoa de nosso Redentor, Nosso Senhor Jesus Cristo'" (*Dies Domini*, 18).

Logo, o domingo é o dia em que devemos louvar a Deus, descansar e desfrutar de momentos de lazer em companhia da família. Ao mesmo tempo, há que se ter discernimento quanto ao tipo de lazer que efetivamente nos faz bem. Por exemplo, passar o domingo no shopping fazendo compras pode até trazer algum tipo de satisfação momentânea, mas não possui o mesmo efeito desestressante que experimentamos ao passear no parque, entrar em contato com a natureza, arejar a cabeça, aliviar as tensões e louvar a Deus pela beleza da Criação.

O próprio Jesus convidou os apóstolos para o lazer: "Vinde repousar um pouco, à parte, num lugar deserto" (cf. Mc 6,31). Ele incentivava o descanso em meio ao atendimento ao povo, pois, conforme o texto explica, eram tantas as solicitações que mal tinham tempo de comer. Ao contrário do que muitos possam imaginar, a vida dos apóstolos e de Jesus, em Sua forma terrena, era muito semelhante à de qualquer outro ser humano.

Jesus, por exemplo, sabia da necessidade de uma boa alimentação, feita sem pressa, com serenidade, para repor as forças do corpo e permitir a continuidade da missão.

Assim, em torno da refeição, Ele e os apóstolos também desfrutavam de momentos de "bate-papo", os quais se revelavam muito instrutivos em razão da presença do Mestre.

Nunca é demais lembrar que toda e qualquer alimentação deve ser equilibrada, nutritiva, composta daquilo de que nosso organismo necessita. Podemos comer de tudo, mas não tudo. Há pessoas que têm compulsão por comer, o que geralmente se constitui em uma tentativa de compensar o desequilíbrio emocional por meio da alimentação e, nos casos mais drásticos, pode tornar-se uma patologia que precisa de tratamento.

Como ensina o Livro do Eclesiástico, o ato de comer exige moderação: "O homem bem-educado se satisfaz com pouca coisa e, quando vai para a cama, não se sente sufocado. O sono saudável depende do estômago moderado: a pessoa se levanta cedo e com boa disposição. O homem guloso é sempre acompanhado por mal-estar, insônia, náusea e cólica. Escute-me, filho, e não me despreze, e depois você compreenderá o que estou falando. Seja moderado em tudo o que fizer e nenhuma doença o atingirá" (cf. Eclo 31,19-20.22).

No outro extremo, estão aquelas pessoas obcecadas por se manterem magras. A situação se agrava ainda mais quando, já abaixo do peso saudável, continuam enxergando-se gordas, gerando sérios distúrbios alimentares que colocam em risco a saúde e podem até levar à morte.

Em uma viagem de evangelização, numa cidade do Paraguai, conheci uma adolescente que deu um comovente testemunho sobre a superação de tais distúrbios. A princípio, ela apresentou um quadro de bulimia, no qual, por acreditar estar acima do peso, provocava o próprio vômito. Como o tempo, passou a apresentar anorexia e chegou a pesar menos de trinta quilos. No momento mais agudo da crise, os responsáveis pelo seu atendimento a desenganaram e disseram a seus pais que já não havia mais nada a fazer.

Imbuídos pela fé, a família e os amigos fizeram uma corrente de orações, e Deus colocou em seu caminho uma psicóloga, que deu início a tratamento associado ao trabalho de uma nutricionista. Depois de alguns meses, essa jovem já estava fora de perigo, voltou a estudar, sair com as amigas e recuperou a alegria de viver.

Assim como no caso da alimentação, o comedimento também deve ser adotado na hora de beber:

> "Não incites a beber aquele que ama o vinho, pois o vinho perdeu a muitos. O fogo põe à prova a dureza do ferro: assim o vinho, bebido em excesso, revela o coração dos orgulhosos. O vinho bebido sobriamente é como uma vida para os homens. Se o beberes moderadamente, serás sóbrio. Que é a vida do homem a quem falta o vinho? Que coisa tira a vida? A morte. No princípio o vinho foi criado para a alegria, não para a embriaguez. O vinho, bebido moderadamente, é a alegria da alma e do coração. A sobriedade no beber é a saúde da alma e do corpo. O excesso na bebida causa irritação, cólera e numerosas catástrofes. O vinho, bebido em demasia, é a aflição da alma. A embriaguez inspira a ousadia e faz pecar o insensato, abafa as forças e causa ferimentos" (Eclo 31,30-40).

A popular "malhação", por sua vez, igualmente pede uma postura equilibrada. O corpo é o templo do Espírito Santo e temos de cuidar bem desse templo, por isso os exercícios físicos são indispensáveis para compensar a vida sedentária que levamos. Porém, é preciso ter discernimento para não nos tornarmos escravos da chamada "ditadura do corpo perfeito", que impõe padrões irreais de beleza, desde um físico muito "malhado" até a realização excessiva de cirurgias plásticas. É importante termos em mente que existe um equilíbrio para tudo, e o que se torna exagerado é prejudicial.

Ao entendermos nosso corpo como uma dádiva de Deus, toda e qualquer atividade — assim como os vícios que venham a feri-lo — serão automaticamente evitadas, não por imposição moral externa, mas como ato voluntário interno de verdadeiro amor-próprio.

Seguindo os ensinamentos de Deus, esse cuidado que dedicamos ao nosso bem-estar também deve ser estendido ao próximo, atitude da qual os maiores beneficiários, mais uma vez, seremos nós mesmos. Isso porque fazer bem aos outros, além de ser prática da caridade, obra de misericórdia, constitui-se em um poderoso antídoto contra o estresse, como comprova o caso ilustrativo a seguir:

> Uma mulher que trabalhava há muitos anos em um banco caiu em desespero. Estava tão depressiva que poderia ter um esgotamento nervoso. Seu médico, buscando um diagnóstico, perguntou-lhe:
>
> — Como se chama a jovem que trabalha ao seu lado no banco?
>
> — Cíntia — respondeu ela, sem entender.
>
> — Cíntia de quê? Qual seu sobrenome?
>
> — Eu não sei.
>
> — Sabe onde ela mora?
>
> — Não.
>
> — O que ela faz?

— Também não sei.

O médico percebeu que o egoísmo estava roubando a alegria daquela pobre mulher.

— Posso ajudá-la, mas você tem de prometer que fará o que eu lhe pedir — sentenciou o médico.

— Farei qualquer coisa — afirmou a mulher. — Em primeiro lugar, faça amizade com Cíntia. Convide-a para jantar em sua casa. Descubra o que ela está almejando na vida e faça alguma coisa para ajudá-la. — E continuou: — Em segundo lugar, faça amizade com seu jornaleiro e a família dele, e veja se pode fazer alguma coisa para ajudá-los. Em terceiro, faça amizade com o zelador do seu prédio e descubra qual é o sonho da vida dele. Em dois meses, volte para me ver.

Ao fim de dois meses, a mulher não voltou, mas escreveu uma carta sem sinal de melancolia ou tristeza. Era só alegria. Havia ajudado Cíntia a passar no vestibular. Cuidara de uma filha doente do jornaleiro e ensinara o zelador a ler e escrever, pois era analfabeto. E, ao final da carta, confidenciou: "Nunca imaginei que pudesse sentir alegria dessa maneira!"

Moral da história: os que vivem apenas para si mesmos nunca encontrarão a paz e a alegria, pois somos chamados por Deus para ser bênção na vida dos outros.

Muitos se deprimem e se angustiam pelo que já passou. Outros criam ansiedade desnecessária pelo que virá e se estressam por não poderem acelerar ou retardar o tempo das coisas, quando, na verdade, o tempo segue seu curso independentemente da nossa vontade, conforme explica este trecho do Eclesiástico:

"Há um momento para tudo e um tempo para todo propósito debaixo do céu. Tempo de nascer, e tempo de morrer; tempo de plantar, e tempo de arrancar a planta. Tempo de matar, e tempo de curar; tempo de destruir, e tempo de construir. Tempo de chorar, e tempo de rir; tempo de gemer, e tempo de bailar. Tempo de atirar pedras, e tempo de recolher pedras; tempo de abraçar, e tempo de se separar. Tempo de buscar, e tempo de perder; tempo de guardar, e tempo de jogar fora. Tempo de rasgar, e tempo de costurar; tempo de calar, e tempo de falar. Tempo de amar, e tempo de odiar; tempo de guerra, e tempo de paz. Que proveito o trabalhador tira de sua fadiga? Observo a tarefa que Deus deu aos homens para que dela se ocupem: tudo o que Ele fez é apropriado ao Seu tempo. Também colocou no coração do homem o conjunto do tempo, sem que o homem possa atinar com a obra que Deus realiza desde o princípio até o fim. E compreendi que não há felicidade para o homem, a não ser a de alegrar-se e fazer o bem durante sua vida. E que o homem coma e beba, desfrutando do produto de todo o seu trabalho, é dom de Deus. Compreendi que tudo o que Deus faz é para sempre. A isso nada se pode acrescentar, e disso nada se pode tirar" (Ecl 3,1-14).

O segredo para ter serenidade está em compreender que cada acontecimento é um dom de Deus, portanto desfrutar dos bons momentos e aprender com os ruins são sinais de sensatez e sabedoria.

Salmo 116 (117)

1. Eu amo ao Senhor, porque Ele ouve minha voz suplicante,
2. Ele inclina Seu ouvido para mim no dia em que eu O invoco.
3. Cercavam-me laços de morte, eram redes do Xeol: caí em angústia e aflição.

4. Então, invoquei o nome de Senhor: "Ah! Senhor, liberta minha vida!"
5. O Senhor é justo e clemente, nosso Deus é compassivo;
6. o Senhor protege os simples: eu fraquejava, e Ele me salvou.
7. Volta ao repouso, ó minha vida, pois o Senhor foi bondoso contigo:
8. libertou minha vida da morte, meus olhos das lágrimas e meus pés de uma queda.
9. Caminharei na presença do Senhor na terra dos vivos.
10. Eu tinha fé, mesmo ao dizer: "Estou por demais arrasado!"
11. Em meu apuro eu dizia: "Os homens são todos mentirosos!"
12. Como retribuirei ao Senhor todo o bem que me fez?
13. Erguerei o cálice da salvação invocando o nome do Senhor.
14. Cumprirei ao Senhor os meus votos, na presença de todo o Seu povo!
15. É valiosa aos olhos do Senhor a morte dos Seus fiéis.
16. Ah! Senhor, porque sou Teu servo, Teu servo, filho de Tua serva, rompeste os meus grilhões.
17. Vou Te oferecer um sacrifício de louvor, invocando o nome do Senhor.
18. Cumprirei ao Senhor os meus votos, na presença de todo o Seu povo,
19. nos átrios da casa do Senhor, no meio de ti, Jerusalém.

Glória ao Pai, ao Filho e ao Espírito Santo, como era no princípio, agora e sempre. Amém.

Capítulo 12
Ter projetos, metas e sonhos

"Diga-me com quem andas e eu te direi se vou junto."

Ter um projeto de vida é uma necessidade e uma experiência real e intensa de todo ser humano. Cada um de nós deve descobrir-se como a pessoa que é e aquilo que deseja buscar. Essa descoberta possibilita a definição de um projeto de vida e das metas necessárias para alcançá-lo.

Sonhar também faz parte da vida. Sem sonhos, começamos a morrer ou vivemos para realizar os sonhos de outros. Então, é importante planejar, ou seja, saber onde queremos chegar e traçar estratégias para isso, o que abrange todas as esferas da vida: pessoal, espiritual, familiar, além das atividades profissionais, sociais e financeiras.

Se não temos um projeto de vida, perdemos o rumo e não chegamos a lugar algum. Por exemplo, se dirigirmos um carro com pouca gasolina e conhecemos o caminho, talvez até conseguiremos chegar ao nosso destino; mas, se ficarmos andando de um lado para outro — norte, sul, leste, oeste —, o combustível acabará muito longe de onde pretendíamos estar.

Todos os dias, em vários momentos, precisamos fazer escolhas entre uma coisa e outra, um caminho e outro, e somos responsáveis pelas nossas escolhas. Também precisamos ter consciência de que elas possuem o poder de interferir e mudar nossa vida, para melhor ou para pior. Em cada decisão que tomamos colocamos nossas limitações, virtudes e desejos. E devemos estar preparados para respostas positivas e negativas, erros e acertos.

Nesse sentido, é importante focarmos o olhar naquilo que é verdadeiro. O Evangelho de São Marcos narra o seguinte:

> "E chegaram a Betsaida. Trouxeram-Lhe então um cego, rogando que Ele o tocasse. Tomando o cego pela mão, levou-o para fora do povoado e, cuspindo-lhe nos olhos e impondo-lhe as mãos, perguntou-lhe: 'Percebes alguma coisa?' E ele, começando a ver, disse: 'Vejo as pessoas como se fossem árvores andando.' Em seguida, Ele colocou novamente as mãos sobre os olhos do cego, que viu distintamente e ficou restabelecido e podia ver tudo nitidamente e de longe. E mandou-o para casa, dizendo: 'Não entres no povoado!'" (Mc 8,22-26).

Jesus restituiu a visão de um cego, e o ritual não foi um "abracadabra". Ele pegou o cego pela mão e o levou para fora do povoado; em seguida, cuspiu em seus olhos. Muitos dizem sentir nojo, o que não se justifica, pois, se recorrermos ao Gênesis para entender como Deus criou o ser humano, veremos que Ele fez o homem de barro e insuflou em suas narinas um hálito de vida, transformando-o em um ser vivente (cf. Gn 2,7). Ao cuspir, Jesus realizou um movimento que propiciou nova criação.

Outro detalhe importante é que Cristo levou o cego pela mão, significando que Ele conduz os que estão na cegueira. De fato, às vezes estamos cegos e Nosso Senhor nos toma pela mão e nos guia para que tenhamos uma compreensão correta.

Aprofundando ainda mais essa análise, a iniciativa de Jesus de levar o cego para fora do povoado significa que

Ele quis dar-lhe um ensinamento especial e cuspiu em seus olhos para que pudesse abri-los e enxergar com clareza. Porém, ao ser questionado sobre sua visão, o cego relata certa dificuldade, confundindo pessoas com árvores. Ou seja, a visão não era completa, então Jesus intercedeu novamente, pois não quer que ninguém veja pela metade. Aqui é preciso compreender que não se trata meramente do sentido físico da visão, e sim de algo muito mais abrangente, a visão pela fé, completa, total, porque Jesus quer que enxerguemos com nitidez a realidade que nos cerca.

Sim, Jesus quer que nosso olhar seja límpido. Por isso, sempre que estivermos confusos diante de uma situação para a qual a saída parece não existir, devemos pedir:

Senhor, conduze-nos!
Faze-nos enxergar a luz e as coisas como são, e não de forma errada.
Há tantas situações em que, de forma maliciosa, errônea, somos instigados a ver as coisas erradas.
Às vezes, nosso olhar é malicioso, nossa palavra é perversa, nosso juízo é temerário, e o Senhor pode nos fazer ver como realmente é.
Para isso, Senhor, envia-nos o Espírito Santo.
Tira, Senhor, a maldade do nosso olhar, do nosso falar, do nosso querer.
Dá-nos nitidez nas coisas que vemos e fazemos.
Nós queremos ser conduzidos como o cego foi.
Amém.

Além da direção certa, precisamos prestar atenção nas pessoas com quem partilhamos nossa vida e, de certa forma, privam de nossa confiança e influenciam nossas atitudes. Não é correto desprezar ninguém, mas devemos estar convictos daquilo que nos ensina São Paulo: “Não vos deixeis iludir: 'As más companhias corrompem os bons costumes'"(1Cor 15,33).

Existe um provérbio popular que diz: "Diga-me com quem andas e eu te direi quem és." Isso é uma meia verdade, pois o ditado preciso deveria ser: "Diga-me com quem andas e eu te direi se vou junto", afinal, como já foi explicado antes, a nós cabe fazer a escolha certa.

Mais uma vez, ressalto que não se trata de desprezar nem humilhar ninguém, mas de constatar quem realmente quer trilhar o caminho do bem ou agir com maldade, ignorando os princípios éticos, morais e, principalmente, os ensinamentos do Evangelho. Não devemos tratar mal as pessoas que se encaixam nesse segundo perfil, pois Jesus nos ensinou a amarmos nosso próximo antes de qualquer coisa, porém não precisamos tê-las como amigas, permitindo que participem do nosso círculo mais íntimo de convivência.

Hoje, é alarmante o número de adolescentes e jovens que parecem sentir uma atração irresistível por aqueles que não têm uma boa conduta. Existem, por exemplo, nas redes sociais da internet, grupos que compartilham uma identidade comum e são conhecidos como "gangues". Cada uma delas possui gírias e roupas próprias que funcionam como uma espécie de R.G. para seus participantes.

A palavra "gangue" pode sugerir algo pejorativo, mas na realidade é motivo de orgulho para seus integrantes. O problema é que algumas fomentam o ódio, a rivalidade e o desrespeito à vida, constituindo-se em uma grande ameaça para a sociedade. Há algum tempo, ouvia-se falar em gangues apenas em filmes, mas agora elas são uma realidade em nossa sociedade. As mais violentas chegam a marcar brigas, verdadeiras guerras armadas, pela internet.

Desestimular e denunciar esse tipo de prática é dever de todos os cidadãos de bem, pois isso nos distancia cada vez mais daquilo que Deus sonhou para nós.

O principal entrave para Deus chegar até o ser humano é o próprio ser humano: precisamente seu orgulho e seu egoísmo. A maior dificuldade de Deus não é tomar a iniciativa, porque Ele nos amou primeiro. Também não é nos dar uma graça, porque Ele é a mais pura misericórdia. Tampouco é trazer para casa um filho, porque Suas portas nunca se fecharam. A maior dificuldade de Deus é o coração endurecido, petrificado, cristalizado do ser humano. É a resistência que nós colocamos para que Deus chegue até nós.

Ao narrar a Epifania, a manifestação do Senhor, São Mateus relata que, em seu caminho para ver o Menino Deus, os magos seguiam a estrela no Oriente que mostrava a direção certa para encontrá-Lo, mas quando foram chamados por Herodes a estrela sumiu. Já quando saíram de perto do tirano, avistaram novamente a estrela e sentiram uma alegria muito grande (cf. Mt 2,10).

Da mesma forma, quantas vezes estamos perto de pessoas que ofuscam e nos afastam da luz de Cristo?

Felizmente, sempre é tempo de visualizar o brilho dessa luz e segui-la.

Interessante observar que, na sequência do referido texto, há a menção de que, depois de terem adorado o Menino, os magos decidiram voltar por outro caminho (cf. Mt 2,12). Assim também ocorre em nossa vida: quem encontra Jesus segue em uma nova direção, passando a trilhar o caminho da graça, do bem e da luz.

Salmo 1

1. Feliz o homem que não vai ao conselho dos ímpios, não para no caminho dos pecadores nem se assenta na roda dos zombadores.
2. Pelo contrário: seu prazer está na lei do Senhor, e medita Sua lei, dia e noite.
3. Ele é como árvore plantada junto d'água corrente: dá fruto no tempo devido, e suas folhas nunca murcham; tudo o que ele faz é bem-sucedido.
4. Não são assim os ímpios! Não são assim! Pelo contrário: são como a palha que o vento dispersa...
5. Por isso, os ímpios não ficarão de pé no Julgamento nem os pecadores no conselho dos justos.
6. Sim, Senhor, conhece o caminho dos justos, mas o caminho dos ímpios perece.

Glória ao Pai, ao Filho e ao Espírito Santo, como era no princípio, agora e sempre. Amém.

Capítulo 13
Espiritualidade

"Não permaneça nas trevas, acenda a luz. Isso é ser cristão."

É a partir da certeza de que em Deus tudo podemos que temos de nos esforçar para trilhar uma vida virtuosa, que é um caminho de verdade e luz, como o próprio Jesus afirmou: "Eu sou a luz do mundo, quem me segue não andará nas trevas" (cf. Jo 8,12).

Mazelas, dores, sofrimentos e casamentos frustrados são problemas muito frequentes na vida das pessoas, mas será que não existe remédio capaz de curá-los? Será que não existe uma forma de sair desse círculo vicioso?

Sim, existe. O caminho é a graça de Deus, que nos fortalece nas virtudes. E nossa maneira de pensar, ser e agir tem muito a ver com isso. Quando desenvolvemos hábitos virtuosos, automaticamente provocamos mudanças em nosso comportamento e em nossa forma de nos relacionarmos com o mundo.

Na busca de uma vida virtuosa nós nos transformamos em pessoas mais elevadas e, ao mesmo tempo, mais humanas. Buscar Deus e a conversão é seguir pelo caminho da luz, das virtudes, mudando os pensamentos, dominando as paixões, refreando os desejos, quebrando o orgulho e, portanto, tornando-nos mais divinos e solidários.

O filósofo Aristóteles explicou que a virtude é uma disposição adquirida para fazer o bem. Mesmo tendo vivido muito antes de Jesus Cristo, ele já tinha consciência de que a virtude dispõe a pessoa a desenvolver um novo hábito, que reflete um aperfeiçoamento psíquico, social e espiritual. Assim, nesse processo de superação de nossas dores, as virtudes constituem o motor que nos impulsiona a ter boas atitudes em relação a nossos semelhantes, enfrentar nossas inseguranças, superar e crescer em nossas imaturidades, bem como a sair do mundo da ilusão e da fascinação e ter os pés na realidade.

É interessante perceber que o caminho da virtuosidade, que é o próprio caminho de quem segue Jesus Cristo, é uma forma de ter domínio sobre a paixão. Muitos confundem amor e paixão, e essa confusão pode ser muito perniciosa.

Como já explicado anteriormente, o amor é um sentimento nobre. Deus nos amou primeiro. Portanto, amar a Deus de todo o coração, com toda a alma e todo o entendimento, e ao próximo como a nós mesmos é uma condição para quem deseja seguir Jesus. Já a paixão escraviza, exercendo domínio sobre nós, e não me refiro apenas à paixão por pessoas, mas também por bens materiais. Para os especialistas, a paixão pode ser considerada uma patologia amorosa, um superlativo fantasioso do amor. Ela faz com que a pessoa endeuse o objeto de seu desejo e fique cega para todo o restante. Infelizmente, há quem se apaixone pelo poder, pela glória, pela fama, pelo status.

Além de cegar, a paixão faz adoecer. Isso porque, à medida que ela arrefece, tem início a fase de frustração que nos tira o interesse pela vida. Não porque perdemos a vontade de viver, mas pelo fato de a paixão ter consumido toda a nossa energia. Ao nos cegar, ela também nos isola do mundo e de Deus, provocando uma quebra nessa conexão que dificulta resgatarmos o que perdemos.

Por tudo isso, é imprescindível lutarmos contra os maus hábitos, os quais geram vícios, incluindo a paixão. Temos de buscar práticas que nos levem ao desenvolvimento das virtudes, pois aí está o começo da cura e da superação.

Quando recebemos o batismo, Deus nos presenteia com três grandes virtudes, chamadas de teologais: fé, esperança e caridade. Somos chamados a viver e a permitir que essas virtudes fluam em nós. Mas, além delas, existem outras virtudes que são adquiridas também por meio do esforço humano, e sobre isso me proponho a fazer um trabalho de catequese, pois não basta ter consciência do problema, é preciso conhecer o diagnóstico e encontrar a solução. Afinal, ninguém vai ao médico para ele dizer que estamos com problema de saúde; isso nós já sabemos. O que esperamos é que ele descubra exatamente o que nos aflige e prescreva o remédio adequado para alcançarmos a cura.

Tenho a impressão de que hoje nós estamos apenas buscando rótulos para tudo e nos contentando com isso. Fulano é depressivo, sicrano é bipolar, e por aí vai. Na verdade, enquadrar uma pessoa numa determinada categoria de problemas não vai ajudar em nada na sua recuperação. Devemos estudar caso a caso e buscar as alternativas que efetivamente propiciarão a superação do problema.

Muitas doenças são antigas, mas não eram conhecidas pelo nome que têm hoje. Não vai muito longe o tempo em que, numa crise nervosa, o paciente era tido como louco e trancafiado no hospício, permanecendo internado por longo tempo. Certamente, as ciências biológicas e humanas avançaram muito ao longo do tempo, destacando-se o desenvolvimento de medicamentos mais eficazes, mas sozinhas não curam.

Como sabiamente disse uma grande psiquiatra: o remédio é apenas o começo. É preciso mais. Como padre, acredito em milagre, mas isso não quer dizer que Deus venha fazer algo em nosso lugar. Significa, antes, que Ele nos ajuda nessa empreitada. Deus nos dá força para fazer. E é exatamente esse o conceito que pretendo aprofundar aqui, de forma a lançar luz sobre o processo de transformação, cura e superação.

Um dos pontos-chave é o desenvolvimento de quatro virtudes chamadas de cardeais: temperança, prudência, fortaleza e justiça. Recebem esse nome em alusão aos quatro pontos utilizados para localização e, como tal, servem de orientação para a nossa vida e estão na origem de todas as outras virtudes humanas.

Uma delas é a temperança, responsável por moderar a atração dos prazeres. É a virtude que assegura o domínio da vontade sobre os instintos, proporcionando equilíbrio na relação com o mundo à nossa volta.

Nem tudo o que nossos olhos veem e é capaz de despertar desejo intenso pode ser consumido à "rédea solta", pois pode levar-nos à perdição. Ironicamente, é justamente no pretenso usufruto da liberdade e na busca desenfreada por experimentações sem limites que acabamos por encontrar a tristeza, o sofrimento e a miséria.

Ao saciar nossos apetites, podemos obter prazer momentâneo, mas também pagamos um preço muito alto. Nos casos mais drásticos a pessoa se torna dependente daquela satisfação imediata e é capaz de qualquer coisa para tornar a vivenciá-la, gerando comportamentos de luxúria, gula, cobiça, busca desenfreada por dinheiro e status. É quando a liberdade deixa de existir e já não somos mais donos de nós mesmos.

Ao comentar sobre isso, dou-me conta de que embora a palavra "vício" seja aplicada apenas nos casos de tabagismo, alcoolismo e uso de drogas, existem outros tipos de vícios, talvez menos óbvios, que certamente a temperança pode ajudar a refrear, pois ela age nesses momentos decisivos, fazendo com que nos tornemos menos vulneráveis. Vale lembrar que fraco não é aquele que admite a própria fragilidade, e sim quem tenta esconder seus pontos fracos para parecer mais forte.

Considerando que a ansiedade da qual tanto reclamamos é fruto de preocupação e incertezas, e por ser a temperança capaz de moderar a atração e proporcionar domínio sobre a vontade, ela nos direciona a colocarmos em Deus as nossas tribulações. Assim, também se constitui em um poderoso freio dos estados ansiosos.

Muitos podem pensar: "De nada adianta." Ora, adianta, sim. Certa vez, alguém me questionou sobre como esquecer algo que trouxe grande sofrimento, e fui taxativo: a primeira pergunta que temos de nos fazer é "Por que eu quero superar?", e a resposta, mais que imediata, deve ser "Porque Jesus me mandou." Ou seja, não podemos remoer, "dar o troco", "colocar lenha na fogueira", porque Jesus pede que perdoemos. Conforme permitimos que a outra pessoa siga seu caminho livre de qualquer mágoa de nossa parte, também nos libertamos.

Sei que é um caminho longo e difícil, mas não podemos negar a nós mesmos a disposição de começar. E o primeiro passo é colocar na presença de Deus todos os nossos desafetos, pois assim tiramos o problema de nós. Se tivermos coragem de entregar nas mãos do Senhor, então tudo aquilo deixa de ser apenas um problema nosso. Ele estará tomando conta.

Uma medida eficaz para a superação é tentar encontrar situações nas quais aqueles pensamentos negativos, geralmente frutos do rancor, não fluam. É muito comum, após ouvirmos alguma fala mais atravessada dirigida a nós, ficarmos o dia todo "matutando" o que aquela pessoa quis dizer, e acabamos alimentando sentimentos ruins e não conseguimos perdoar, porque toda a nossa energia está concentrada naquilo. Por outro lado, se mesmo quando vivemos um momento terrível, uma tempestade, uma situação complicada, no primeiro momento colocamos diante de Deus e imediatamente procuramos fazer alguma coisa que permita esquecer e nos proporcione prazer — como jogar bola, passear e andar de bicicleta —, o desfecho é completamente diferente.

O importante é fazer algo para espairecer, em vez de ficar "martelando" a mente com a lembrança de determinado fato. Se está nas mãos de Deus, o peso ficará bem menor e veremos, num segundo momento, que não é tão grave assim. Quando não damos força ao problema, ele deixa de ser devastador. Isso não quer dizer que precisamos voltar a ser "amigões" da pessoa que nos magoou, mas temos de perdoar como Jesus ensinou. Isso é ter domínio sobre as paixões e os pensamentos ruins.

No texto do Evangelho de São Mateus, Jesus recomenda que não nos preocupemos com nada, pois o Pai que alimenta os pássaros e veste os lírios do campo conhece todas as nossas necessidades (cf. Mt 6,25-34). Sendo assim, a ansiedade, a preocupação e o desespero não convêm a quem sabe que Deus é providente. A preocupação desmedida não cabe àqueles que têm fé em Jesus Cristo. Também não devemos sofrer antecipadamente por fatos que ainda não se consumaram. E se não podemos mudar o que vai acontecer, só nos resta pedir ao Senhor que mande Seus anjos à frente.

A temperança segue a virtude da prudência. Segundo Santo Tomás de Aquino, a prudência ajuda a desenvolver a inteligência e tem como filhos o conselho, o discernimento e a humildade. É a prudência que guia imediatamente o juízo da consciência. O homem prudente decide e ordena sua conduta seguindo o referido juízo. Graças a essa virtude, aplicamos sem erro os princípios morais aos casos particulares e superamos as dúvidas sobre o bem a praticar e o mal a evitar (CIC 1806).

É uma virtude tão importante que nos ajuda como conselheira, dando-nos discernimento sobre o certo e o errado.

Não por acaso, é recomendável que as decisões importantes não sejam tomadas por impulso, na hora do nervosismo ou quando o "sangue ferve". Isso não significa ficar em cima do muro, mas dar-se um tempo para chegar à decisão sobre a melhor forma de agir. Uma pessoa prudente dificilmente se engana, e, quando isso ocorre, não tem medo nem vergonha de assumir e retificar seu erro.

No Evangelho de São Mateus, encontramos um exemplo de prudência na parábola em que Jesus compara o Reino dos Céus a dez virgens que se municiaram de lâmpadas e saíram ao encontro de um possível noivo. Cinco eram insensatas, e a outra metade, prudente. As primeiras, ao pegarem as lâmpadas, não levaram azeite consigo, enquanto o segundo grupo levou vasos contendo o produto das oliveiras.

O noivo atrasou, e todas elas acabaram cochilando. Por volta da meia-noite, as virgens se levantaram e trataram de aprontar as lâmpadas. As insensatas pediram azeite às prudentes, porque suas lâmpadas estavam apagando. As prudentes recomendaram que fossem comprar a iguaria, mas nesse ínterim o pretendente chegou e as que estavam prontas entraram com ele para o banquete de núpcias. E fechou-se a porta. Quando as virgens imprudentes finalmente voltaram e pediram para o noivo abrir a porta, ele respondeu que não as conhecia (cf. Mt 11,1-12).

O desfecho da história é praticamente óbvio, mas ilustra com perfeição a importância de agir com prudência e estar sempre vigilante.

Outra virtude a desenvolver é a fortaleza, que nos permite passar pelos maiores sacrifícios sem esmorecer, fazendo-nos fortes naquilo em que acreditamos. Uma pessoa forte em Deus chora, mas suas lágrimas regam a esperança. Uma pessoa forte se abate, porém seu abatimento é apenas um momento de descanso para se reerguer. Uma pessoa forte em Jesus Cristo vê o Inimigo parar para jogar pedra, enquanto ela acelera para produzir bons frutos. Uma pessoa fortalecida em Deus não se dobra, e se o mundo a fizer dobrar-se, ela não quebra. Isso, como vimos, significa "perseverar", que é parte da virtude da fortaleza.

A virtude da fortaleza torna-nos pacientes, e esse é um dos aspectos em que muitas vezes nós erramos, pois ninguém supera uma doença, seja física ou psíquica, sem paciência.

Se torcemos o tornozelo ou distendemos o menisco, quanto tempo é necessário para nos recuperarmos? Assim como a ordem natural das coisas se impõe quando se trata de um problema físico, no plano emocional a cura também demanda tempo; no entanto, a conduta das pessoas é exatamente oposta. Muitos saem de um relacionamento difícil repletos de feridas na alma e já partem para outro.

Prova disso é a partilha feita há algum tempo por uma mulher que confidenciou não ter sido feliz em dois casamentos e continuava a enfrentar sérios problemas em sua terceira tentativa. Infelizmente, isso já era mais do que esperado, pois se ela sequer superou os conflitos decorrentes da primeira união e não teve paciência de sanar as feridas, certamente não conseguirá "acertar os ponteiros" em nenhum outro relacionamento.

Esse exemplo novamente nos remete à questão da ansiedade e seus malefícios. São Pio de Pietrelcina afirmou: "A ansiedade é um dos maiores traidores que a verdadeira virtude e a sólida devoção podem ter." Aprender a ser paciente é, por sua vez, um dos melhores antídotos contra a ansiedade, porque ao mesmo tempo que nos tornamos mais compreensivos com nossas próprias fragilidades, passamos a ser mais tolerantes com os erros dos outros.

Quando estamos doentes, sob os cuidados da medicina, não por acaso somos chamados de "pacientes". A virtude da paciência significa que Deus está agindo em nós e promovendo a cura.

Em geral, as pessoas possuem uma visão deturpada sobre o sentido da paciência, como se fosse um esperar sem razão. Não. Paciência é o tempo de refletirmos e de nos encontrarmos. É o tempo de Deus nos curar. Por isso, muitas coisas não deveriam ser ditas, muitas atitudes não deveriam ser tomadas. Muitas feridas não teriam sido causadas se fôssemos mais pacientes.

Um exemplo ilustrativo é dado pelo vinho, que, ao ficar pronto, ainda é ácido, mas, quando se tem a paciência de deitá-lo no barril, ele amadurece, ganha corpo e fica agradável ao paladar. Da mesma forma, se tivéssemos paciência de esperar em Deus, certamente seríamos menos ariscos e mais maduros.

Vibrando nesse mesmo diapasão está a virtude da serenidade. Ou seja, é muito importante sermos serenos no agir, no falar, no comprar.

Às vezes, quando ficamos sabendo que determinada loja colocou seus artigos em liquidação, movidos pela compulsão, compramos uma porção de coisas, gastamos exageradamente no cartão de crédito, parcelamos em não sei quantas vezes e, quando chegamos em casa, descobrimos que não vamos usar sequer a metade daquilo tudo. Nesse caso, a serenidade revela-se extremamente útil, ajudando-nos a ir "com menos sede ao pote". Podemos gostar, sim, mas não compramos. Isso significa ter domínio e estar no controle da situação.

Em momentos de irritação, a serenidade igualmente salva. Existem muitas pessoas cuja boca é sua condenação; reagem de forma ab-rupta, ofendem, magoam e, depois, acabam arrependendo-se. Nosso Senhor Jesus Cristo disse: "Quem chamar o irmão de 'idiota' merece o fogo do inferno" (cf. Mt 5,22). A serenidade é o caminho para enxergarmos a mão de Deus no meio do mal.

A virtude da justiça consiste na vontade constante e firme de dar a Deus e ao próximo o que lhes é devido. A justiça para com Deus chama-se "virtude de religião". Para com os homens, ela nos dispõe a respeitar os direitos de cada um e a estabelecer nas relações humanas a harmonia que promove a equidade em prol das pessoas e do bem comum. O homem justo, muitas vezes mencionado nas Escrituras, distingue-se pela correção habitual de seus pensamentos e pela retidão de sua conduta para com Deus e também para com o próximo. "Não favoreças o pobre nem prestigies o poderoso. Julga o próximo conforme a justiça" (cf. Lv 19,15). E ainda: "Senhores, dai aos vossos servos o justo e equitativo, sabendo que vós tendes um Senhor no céu" (Cl 4,1) (CIC 1807).

Agir de forma justa permite ao ser humano exercer o que há de melhor em sua essência: a solidariedade. É uma força que nos faz sair de nós mesmos e compreender que o valor está em proporcionar benefícios aos outros. É dar-se sem reservas, sem qualquer resquício de egoísmo. É a compreensão mais profunda de que não existe talento, capacidade ou posição que justifique o estrelismo ou a obrigatoriedade de aplausos. Uma pessoa justa é magnânima e, por isso mesmo, altruísta, capaz de amar e fazer o bem sem esperar nada em troca.

O oposto disso é a ganância, aquele tipo de sentimento que leva alguém a querer tudo só para si e cada vez mais. Sobre isso, cito o caso de um empresário que admitiu contratar apenas estagiários, porque era uma forma de ter menos custos e não arcar com os direitos trabalhistas.

Então, eu pergunto: o que leva uma pessoa que se diz cristã a agir com tamanha má-fé? Será que a sua ganância é tão grande a ponto de escolher apenas estagiários para que ninguém cresça na empresa e o lucro seja apenas seu?

Evidentemente, prosperar na vida é legítimo e louvável, mas não à custa da desgraça alheia. Deus nos concedeu dons para que desenvolvamos nossas capacidades da melhor forma possível e, se a consequência natural desse processo for "subir na vida", que assim seja. Porém, não podemos esquecer o que ensina a Doutrina Social da Igreja: prosperem também aqueles que estão junto de você. Ou seja, os lucros devem ser partilhados.

A propósito, ainda no campo da ética, há duas virtudes de grande importância que se adquirem na prática, com a vivência da verdade, e têm sido cada vez mais relegadas ao segundo plano: a honradez e a diligência.

Uma pessoa honrada não é uma pessoa rica, adornada por roupas de grife, e sim um cidadão justo, que tem palavra e não compactua com a mentira. Pode parecer piada, mas ser honrado, que é uma obrigação de todos nós, passou a ser "artigo de luxo", apresentado em currículos de políticos e empresários como um diferencial em relação aos demais. Há uma expressão antiga, "no fio do bigode", que remete a um tempo em que os negócios eram fechados sem documentos ou contratos, tamanho o valor que a palavra de uma pessoa tinha. Hoje, com tantos "cheques voadores" e acordos lavrados em cartório desfeitos, a assinatura vale muito pouco e reflete o nível de descrença no próprio ser humano a que chegamos.

Já a virtude da diligência caracteriza-se pela força e, sobretudo, pelo amor. Diligente é aquele que ama. Essa virtude tira o medo de agir, trabalhar, tomar decisões transformadoras.

A pessoa diligente é esmerada e zelosa consigo mesma, o que inclui cuidados com o corpo e a alma. Da mesma forma, cuida daqueles que estão ao seu lado, como partilharam comigo uma senhora e um senhor, casados há 52 anos.

Durante todo esse tempo, souberam cultivar o amor que motivou a sua união, envelhecendo juntos e com muito respeito. A esposa teve de tirar o útero, e o marido passou por um tratamento de câncer de próstata, ficou impotente, por isso há muitos anos não têm vida sexual, mas continuam amando-se e expressam esse sentimento cuidando um do outro. O que esse casal partilhou, para mim, é a expressão de tudo o que Deus espera de um casamento.

Diligente, portanto, é uma pessoa capaz de criar vínculos profundos, preocupando-se com os temas que realmente importam e não com superficialidades. Um sábio disse: "Pessoas inteligentes falam de ideias; pessoas comuns, de coisas; e pessoas medíocres falam de pessoas."

Infelizmente, em nossos círculos o que mais vemos são pessoas deixando de discutir as grandes ideias para comentar sobre o que o vizinho fez ou deixou de fazer. E o pior é que há quem diga que todo mundo gosta de fofocar. Se isso é verdade ou não, não cabe a mim discutir; o fato é que sempre há tempo para mudarmos o rumo da nossa vida, deixando de seguir pelo caminho da ignorância e da mediocridade e ingressando na trilha da virtuosidade.

Medo, fobias, inseguranças, falta de amor-próprio — como enfrentar isso?

Não podemos ser como estrelas que brilham por um instante no céu e, de repente, desaparecem. Se queremos, de fato, ser curados e confirmados em Jesus, há que se fazer um esforço diário e constante para adquirir as virtudes que Ele demonstrou ter. Nisso nos auxilia certamente a graça. Jesus era um homem virtuoso, e devemos buscar imitá-Lo. Nesse sentido, nossa vida deve ser um seguimento contínuo dos caminhos de Jesus, porém não podemos nos esquecer da nossa liberdade e do quanto Deus respeita o nosso livre-arbítrio.

Em nosso processo de transformação, cura e superação, realmente as virtudes desempenham um papel crucial. Elas são a porta de entrada para que um dia possamos afirmar "Em Ti, meu Deus, tudo posso". Por isso, enfatizo sempre: não se conforme com as feridas, busque curativos; não se renda aos vícios, lute pela libertação; não se deixe aprisionar pelos erros, imponha a verdade; não permaneça nas trevas, acenda a luz. Isso é ser cristão.

O desenvolvimento das virtudes requer esforço, assim como a cura. E o esforço humano nunca será em vão se aceitarmos Jesus como nosso exemplo e Sua graça como nosso auxílio. Ele é a imagem perfeita de um homem curado, o que atende completamente à nossa busca.

Em muitos momentos somos tomados pelo derrotismo, pela dor, e o Inimigo nos faz crer que não tem nada a ser feito. Mas não é verdade, pois a graça de Deus a tudo suplanta.

Ao passar por uma tribulação pessoal, recebi um "torpedo" com uma mensagem que, para mim, foi estrategicamente colocada em meu caminho por um anjo de Deus, pois me fez muito bem e faço questão de compartilhá-la aqui:

> "E tu, Israel, Meu servo, Jacó, a quem escolhi, descendência de Abraão, Meu amigo; tu, a quem tomei desde os confins da terra, a quem chamei desde os seus recantos mais remotos e te disse: 'Tu és o Meu servo, Eu te escolhi, não te rejeitei.' Não temas, porque Eu estou contigo; não fiques apavorado, pois Eu sou o teu Deus; Eu te fortaleço, sim, Eu te ajudo; Eu te sustento com a Minha destra justiceira. Serão envergonhados e humilhados todos os que se encolerizam contra ti. Reduzir-se-ão a nada e perecerão aqueles que contendem. Tu os procurarás, mas não os encontrarás; os que te combatem serão reduzidos a nada, ficarão aniquilados aqueles que te fazem guerra. Com efeito, Eu, o Senhor, teu Deus, te tomarei pela tua destra e te direi: 'Não temas, sou Eu que te ajudo'" (Is 41,8-12).

Acrescento ainda mais um pensamento de São Pio de Pietrelcina: "Não te afadigues acerca de coisas que geram solicitude, perturbações e angústias. Uma só coisa é necessária: elevar o espírito e amar a Deus."

Salmo 4

1. Quando Te invoco, responde-me, meu justo Deus!
2. Na angústia Tu me aliviaste: tem piedade de mim, ouve a minha prece!
3. Ó homens, até quando tereis o coração pesado e amareis o nada e buscareis a ilusão?
4. Sabei que o Senhor faz maravilhas para Seu fiel: Senhor, ouve quando eu O invoco.
5. Tremei e não pequeis, refleti no vosso leito e ficai em silêncio.
6. Oferecei sacrifícios justos e confiai no Senhor.
7. Muitos dizem: "Quem nos fará ver o bem?" Senhor, levanta sobre nós a luz da Tua face.
8. Puseste em meu coração mais alegria do que quando Teu trigo e Teu vinho transbordam.
9. Em paz me deito e logo adormeço, porque só Tu, Senhor, me fazes viver em segurança.

Glória ao Pai, ao Filho e ao Espírito Santo, como era no princípio, agora e sempre. Amém.

Capítulo 14
O amor de Jesus

"Nada se opõe quando se está no amor de Deus. Nada, nem a depressão mais profunda, o trauma mais intenso, a mágoa mais angustiante..."

O amor de Jesus é imenso e determinou toda a Sua vida como a grande motivação. Amava tanto o Pai que não era concebível para Ele quebrar os laços desse amor. Não é que o Pai quisesse que Jesus morresse na Cruz sem mais, de modo algum, tanto que Nosso Senhor, no momento de mais profunda angústia, suando sangue, sentiu a presença silenciosa de Deus. Como saber isso? É só perceber que Jesus, em meio a todo o sofrimento, disse: "Pai, seja feita a Tua vontade" (cf. Mt 26,42), "Pai, em Tuas mãos entrego meu Espírito" (cf. Lc 23,46).

Esse momento da passagem de Jesus pelo mundo é muito importante, porque mostra que, apesar de a dor ser terrível — e sabemos que não se trata apenas da parte física, pois toda doença também vem acompanhada do desgaste emocional —, ainda que todas as luzes estejam apagadas, é possível perceber a presença silenciosa de Deus. Se eu pudesse, colocaria no coração de cada pessoa que se encontra enferma neste momento a certeza de que no meio de tudo isso há espaço para a fé, a esperança, a confiança no Senhor.

Um enfermeiro intensivista confidenciou uma vez que se sentia muito frustrado. Às vezes, trancava-se no banheiro para chorar por presenciar o desespero de pacientes terminais e de seus familiares e nada poder fazer. Segundo a sua experiência de quem chegava a passar 24, 48 horas dentro de uma UTI, a proporção do desespero é muito maior naqueles que não possuem fé, comprovando o quanto sentir a presença silenciosa de Deus é benéfico nos momentos de maior provação. Por isso, tenho incentivado com frequência a difusão do sacramento da unção dos enfermos.

Não se trata de prometer a cura imediata aos doentes, pois ninguém tem esse poder, a não ser Deus, e quem faz esse tipo de promessa está "tentando a Deus" e agindo como charlatão, e sim de permitir aos que mais necessitam a possibilidade de um encontro com Jesus.

Alguns personagens do Evangelho merecem especial atenção por terem uma relação com Jesus que demonstra exatamente a magnitude do Seu amor por nós. O primeiro deles é João, aquele que escreveu o Evangelho e um dos apóstolos que tinha maior proximidade com o Filho de Deus. Na noite da Santa Ceia, reclinou-se sobre o ombro de Jesus e perguntou quem iria traí-Lo.

Surge então um segundo personagem, que é Judas. Ele não era tão íntimo de Nosso Senhor, como João, Pedro e Tiago, mas tinha Sua confiança. Creio que todos nós temos uma visão deturpada de Judas Iscariotes por três razões: porque teve todas as possibilidades de ser um bom discípulo, pois Jesus o escolheu; pelo fato de ter aproveitado a condição de responsável pela área financeira para roubar — os apóstolos recebiam muitas doações de fiéis, entre os quais uma mulher cujo marido era um alto funcionário de Herodes e contribuía com recursos para a missão de Jesus; e, por último, pela traição em si, que fica ainda maior se pensarmos que ele chegou a receber um pedaço de pão molhado das mãos de Jesus durante a Ceia (cf. Jo 13,26). Imagino que João estivesse de um lado do Senhor e Judas do outro para que pudesse receber diretamente de Jesus um pão molhado.

Apressamo-nos em elencar esses itens como indícios da desfaçatez de Judas — e não estou dizendo que não sejam —, porém eles também ressaltam o quanto Jesus confiou nele até o último momento, assim como confia em nós e em nosso amor. Por isso, sempre é precipitado sentenciar alguma coisa antes que, de fato, ela ocorra, e, ao mesmo tempo, todos estamos sujeitos a fraquejar em algum instante. De minha parte, sempre peço a Deus que me dê força para nunca trair a confiança de Jesus ou me rebelar contra Ele.

Outro personagem a se destacar é Pedro, que disse: "Senhor, eu darei a vida por ti."(cf. Jo 13,37).

Quantas vezes a gente pensa e promete a Jesus a mesma coisa? E é como se Ele nos dissesse o que revelou a Pedro: "Pedro, Pedro, dás a vida por mim? Antes que o galo cante, me negará três vezes" (cf. Jo 13, 38). Na verdade, Jesus sabe lidar com a fragilidade humana e não desconsiderou Pedro, reconhecendo-o depois da ressureição: "Apascenta minhas ovelhas" (cf. Jo 21, 16). Isso nos faz perceber como Jesus era, em Sua forma terrena, um homem livre, sensato e humano. Humano a ponto de saber lidar com essas situações.

O Senhor nos conhece, mais do que nós mesmos. Ele confia e espera que tomemos o caminho do bem.

Voltando ao apóstolo João, por que ele ficou com Maria aos pés da Cruz?

Por ter sentido o amor de Jesus e formado com Ele laços muito fortes, o que fica comprovado pela decisão do Senhor de confiar-lhe Sua própria mãe: "Eis a tua mãe!" (Jo 19,27).

Diante de tudo isso, quero reforçar aos enfermos: vocês podem não ver Deus nem escutá-Lo, mas acreditem em seu coração que, mesmo de uma forma silenciosa, Ele está ao seu lado.

Jesus e a amizade

Em Sua vida terrena, Jesus teve amigos a quem amou profundamente e por eles sofreu e chorou.

Assim ocorreu com Lázaro, como relata o Evangelho. Em Betânia, onde ele morava com as irmãs Marta e Maria, Jesus sempre fora bem-acolhido, amado e, por isso, sentia-se em casa. Quando faltavam poucos dias para a derradeira Páscoa, quando teria Seu próprio corpo imolado como um cordeiro para a libertação definitiva da humanidade, Jesus foi a Betânia em busca de alento, paz e revigoramento. Provavelmente, também queria despedir-se de seus amigos, pois no Seu íntimo sabia que aquela seria a última vez em que estariam juntos (cf. Jo 12,1-9).

É interessante observar o comportamento desses personagens, apenas seis dias antes da Páscoa: Marta, mulher zelosa, dedicada aos afazeres domésticos, como sempre se preocupou com o jantar e serviu a mesa com grande dedicação e esmero. Seu perfil ativo a diferenciava de Maria, que tinha uma postura mais contemplativa. Na verdade, são dois lados complementares, que deveríamos aprender a conciliar dentro de nós, ou seja, sermos providentes e zelosos, como Marta, e, ao mesmo tempo, capazes de gestos de extrema doação, como Maria.

Nessa última visita feita por Jesus à sua casa, Maria tomou uma atitude inusitada: pegou um vaso de nardo puro, com perfume realmente muito bom, e quebrou aos pés de Jesus. Esse gesto suscita muitas interpretações.

Para muitos, o odor foi usado como um veículo para que a misericórdia e a santidade de Jesus se espalhassem pela casa. Para outros, significa o mistério da redenção antecipada, em que, assim como o vaso, Cristo foi perfurado e Seu perfume espalhou-se não apenas na casa dos irmãos, mas em todo o universo. Um perfume de santificação, Vida Nova, transformação e santidade.

Segundo o apóstolo João, com a quebra do vaso de nardo Maria deu a Jesus o perfume que não Lhe faltaria na sepultura, quando Nicodemos levou cem libras de uma mistura de mirra e alvés (cf. Jo 19,39-40). Como foi crucificado e morto na sexta-feira, já no fim do dia, após ser retirado da Cruz, os procedimentos para o enterro adequado não puderam ser concluídos. Para se ter ideia, Seu corpo foi alojado na sepultura de José de Arimateia a título de empréstimo. No dia seguinte, como era sábado, um dia no qual nada podia ser feito em razão do princípio sabático dos judeus, Maria, Sua mãe, e as demais mulheres não tiveram tempo hábil de completar o embalsamento do corpo. Iriam fazê-lo no que viria a ser domingo, mas não encontraram o corpo, porque já estava ressuscitado.

A figura de Lázaro, por sua vez, pode ser considerada a comprovação de que Jesus era verdadeiramente o Messias, pois foi reanimado após sua morte. Não se trata de ressurreição como a de Jesus, mas de revivência, porque mais tarde voltou a morrer. De qualquer forma, um morto voltar a viver não deixava de ser um milagre, então as pessoas viam em Lázaro vivo a expressão do poder de Jesus, e por isso os líderes da época tomaram a decisão de matá-lo.

Ainda sobre a atitude de Maria, irmã de Lázaro, Judas Iscariotes não percebeu a dimensão de sua atitude e chegou a comentar durante a visita à sua casa, em Betânia:

"Por que não vendeu o vaso? Pelo menos poderia ajudar os pobres." João, que tinha um pé atrás em relação a Judas, ao escrever o Evangelho, refere-se a ele como "aquele que trairia, aquele que roubava a bolsa". E nós que achamos nossos jantares em família conflituosos!

Na verdade, as atitudes de Marta, Maria, Lázaro e Judas, tão diversificadas entre si, podem ser usadas como paralelo para refletirmos sobre nosso próprio encontro com Jesus ao longo da vida: "Como tem sido nosso posicionamento diante do Senhor? Como podemos aprimorá-lo?"

O clã de Betânia, formado por pessoas que se amam e amam Jesus, devotam-Lhe amizade e O acolhem em seu lar e em sua vida, constitui importante referencial para cada uma das famílias de hoje.

Especificamente sobre a amizade, o Livro dos Provérbios ressalta: "Azeite e incenso alegram o coração: a bondade de um amigo consola a alma" (Pr 27,9). E ainda: "As feridas do amigo são provas de lealdade, mas os beijos do que odeia são abundantes" (Pr 27,6). Já o Eclesiástico traz outro belíssimo trecho, que afirma:

> "Afasta-te de teus inimigos e acautela-te com teus amigos. Um amigo fiel é um poderoso refúgio; quem o descobriu, descobriu um tesouro. Um amigo fiel não tem preço, é imponderável o seu valor. Um amigo fiel é um bálsamo vital, e os que temem o Senhor o encontrarão. Aquele que teme o Senhor faz amigos verdadeiros, pois tal como Ele é, assim é seu amigo" (Eclo 6,13-17).

Como já mencionado, Santo Tomás de Aquino foi mais além e aconselhou a amizade para a superação da depressão: "A amizade diminui a dor e a tristeza" (Suma Teológica, I-II, q. 36, a. 3). Em outro momento, completa: "O amigo é melhor que a honra e o ser amado, melhor que o ser honrado" (Suma Teológica, II-II, q. 74, a. 2).

Moral da história: todo mundo precisa de amigos. Nesse sentido, aproveito para citar uma frase que recebi e gostei muito: "Não tenho muitos amigos, mas tenho você, que vale por muitos."

O tema da amizade é algo que desperta meu interesse e minha inspiração há muito tempo. Por isso, faço questão de partilhar a letra de uma canção que Deus colocou em meu coração e denominei de "Dom valioso", justamente porque acredito que a amizade é um dom de Deus. Nos eventos, alegra-me ver a multidão de pessoas cantando-a como um hino e já cheguei até a ver algumas frases citadas em blogs e cartões:

Dom valioso
Amizade é grande tesouro.
Amizade é dom valioso.
Amizade, que nasce em Deus, é pra eternidade.
Quase sempre é provada na dor e na sinceridade.
Saiba, amigo, que és importante pra mim.
Saiba, amigo, contigo irei até o fim.
Nas horas mais difíceis, ao teu lado estarei.
Prece por ti eu farei, pois tu és meu amigo,
Tesouro escondido em meu coração.
Amizade é ombro que acolhe.
Amizade é choro e alegria.
Amizade é dizer a verdade
Mesmo que nos faça sofrer.
Amizade é partilha constante.
Amizade é abraço na dor.
Amizade é dar as mãos, é dar amor.

Jesus, amor que cura

Muitas vezes nós não entendemos a dimensão do amor de Jesus e não compreendemos o que Ele quer fazer em nós.

No Catecismo da Igreja Católica, entre os termos utilizados para referir a Eucaristia, como Sacramento da Unidade, Sacramento da Reconciliação — também um aspecto da Eucaristia —, Sacramento da Piedade, está a palavra *sacrifício*: "O sacrifício de Cristo e o sacrifício da Eucaristia são um único sacrifício" (CIC 1367).

O termo em questão remete ao processo de esvaziamento e derrota de Jesus, em que Ele foi literalmente aniquilado, esmagado, em todos os aspectos. Jesus era visto pelos padres da Igreja como o único grande mártir (testemunha) do Pai: é em força de Seu martírio que os mártires foram o que foram. Ele aceitou ser o Cordeiro de Deus. Seus algozes O mataram, mas Sua entrega foi voluntária.

E a pergunta que fica muito clara para mim é: será que nós também conseguimos oferecer sacrifícios ao Senhor em relação à nossa vida? Por exemplo, supondo que sejamos agraciados com a possibilidade de ingressar em um negócio muito rentável, uma carreira verdadeiramente promissora, mas a condição seja "puxar o tapete" de alguém, quantos de nós diremos sem titubear "Eu não posso, por amor a Jesus, passar por cima dessa pessoa" e nos conformaremos com a perda da oportunidade?

Aquele que se sacrifica por alguém ou por algum ideal parece não ter mais lugar em um mundo cada vez mais moldado segundo as regras da luta pelo poder, onde existem quem manda, quem obedece e uns que querem ser mais importantes do que os outros. Vale tudo para chegar ao topo, ou seja, os fins justificam os meios, como inventar calúnias e mentiras para arrasar a vida de quem atravessa o caminho e garantir a autopromoção.

E o pior é que existe plateia para isso, tanto que a audiência sempre é maior quando o que está em pauta é a desgraça alheia. Basta abrirmos os jornais e assistirmos aos programas de TV; o que leva uma pessoa a ser notícia nacional raramente é a bondade ou o bem que ela faz, e sim os atos de corrupção ou barbárie que pratica. Existe, portanto, uma exaltação do negativo, que nós acabamos assimilando como normal.

Isso contrasta frontalmente com o exemplo de Jesus, "o Cordeiro de Deus imolado", que se entregou e se deixou aniquilar. Uma dimensão de entrega, sacrifício e amor tão forte e incondicional que é capaz de curar a tudo. Embora não sejamos merecedores, Ele age em nós e nos sustenta, simplesmente porque nos ama.

Para nós, humanos, é difícil compreender a existência de um sentimento como esse, ao qual denominamos amor Ágape. Como já citei, talvez o exemplo mais próximo que tenhamos para comparar seja o amor da mãe que não mede esforços para garantir o bem-estar do filho. Se a criança está com febre, ela levanta uma, duas, três, quantas vezes forem necessárias, porque ama o filho e quer curá-lo. Jesus tem por nós um amor capaz de tudo, até mesmo daquilo que consideramos impossível.

A respeito desse amor incondicional, capaz de superar tudo, chamo a atenção para um texto do Evangelho de São João:

> "Jesus foi para o monte das Oliveiras. Antes do nascer do sol, já se achava outra vez no Templo. Todo o povo vinha a Ele e, sentando-se, os ensinava. Os escribas e os fariseus trazem,

então, uma mulher surpreendida em adultério e, colocando-a no meio, dizem-Lhe: 'Mestre, esta mulher foi surpreendida em flagrante delito de adultério. Na Lei, Moisés nos ordena apedrejar tais mulheres. Tu, pois, que dizes?' Eles assim diziam para pô-Lo à prova, a fim de terem matéria para acusá-Lo. Mas Jesus, inclinando-se, escrevia na terra com o dedo. Como persistissem em interrogá-Lo, ergueu-se e lhes disse: 'Quem entre vós estiver sem pecado seja o primeiro a lhe atirar uma pedra!' Inclinando-se de novo, escrevia na terra. Eles, porém, ouvindo isso, saíram um após o outro, a começar pelos mais velhos. Ele ficou sozinho e a mulher permanecia lá, no meio. Então, erguendo-se, Jesus lhe disse: 'Mulher, onde estão eles? Ninguém te condenou?' Disse ela: 'Ninguém, Senhor.' Disse, então, Jesus: 'Nem eu te condeno. Vai, e de agora em diante não peques mais'" (Jo 8,1-11).

Esse texto leva a uma importante reflexão. Perceba que os fariseus chegam perto de Jesus e dizem que a mulher foi apanhada em flagrante adultério, ou seja, não havia dúvidas quanto ao seu ato, portanto não se tratava de uma calúnia. Foi um fato constatado e, conforme afirmaram, de acordo com o Antigo Testamento, ela deveria ser apedrejada. Para Jesus, era muito mais cômodo assentir e compactuar com a decisão da maioria, até porque estaria amparado pela Lei, mas, ainda assim, Ele comprou uma briga dizendo que somente quem não tivesse pecado poderia jogar a primeira pedra. E o mais surpreendente é que nem mesmo Ele, sabendo-se livre de pecados, tomou a iniciativa de condená-la.

Esse é o amor de Jesus, capaz de olhar para uma estranha e enxergar nela todo o seu potencial como ser humano. Note-se que Ele não afirmou que sua conduta estava certa ou errada. Ele apenas disse que não iria julgá-la e recomendou que seguisse seu caminho, porém sem pecar.

Quanta sabedoria emana desse encontro da mulher com Jesus. Se transportarmos para hoje a máxima "quem não tem pecado atire a primeira pedra", perceberemos que vivemos com os bolsos cheios de "pedras" e, na primeira oportunidade, atiramos, machucamos, ferimos nosso próximo, esquecendo-nos de que Cristo jamais faria isso, porque Sua intenção é e sempre foi resgatar-nos, por mais errados que estejamos.

Outro personagem bíblico, Zaqueu, também foi resgatado no amor de Jesus. Ele era um homem que tinha tudo e, apesar disso, roubou seus irmãos de raça, conforme ele mesmo admitiu ao afirmar: "A quem roubei vou dar quatro vezes mais" (cf. Lc 19,8). Jesus, por Sua vez, não o recriminou e, ao avistá-lo em cima de uma árvore, na qual Zaqueu estava apoiado para ver Jesus em razão de sua estatura muito baixa, ordenou: "Zaqueu, desce dessa árvore, hoje eu vou jantar na tua casa" (Lc 19,5). Eis mais um exemplo da empatia do amor e do oferecimento da salvação.

Na verdade, se pararmos para pensar, o que Cristo fez nessas duas situações foi colocar-se no lugar do outro, algo que nós, em nosso egoísmo dissimulado, nem sequer cogitamos. Imagine chegar diante de Cristo e admitir: "Eu sou como aquela mulher adúltera. Senhor, eu quero estar naquele lugar e saber que não serei julgado." Como eu queria que nós entendêssemos os dois lados, ou seja, que num determinado momento da vida nos colocássemos exatamente como Zaqueu e a mulher, absolutamente expostos, sabendo que todo mundo está com pedras para atirar em nós, mas não temê-las, porque podemos fixar o olhar no Senhor e dizer: "Perdoe-me no Teu amor."

Esse é o verdadeiro sacrifício. É dizer "Senhor, eu estou aqui" ou "Senhor, o que eu fiz, fiz, mas, agora, perdoa-me, cura-me", e ter a certeza de que Ele irá responder "Filho, filha, Eu não te julgo, vai, não peques mais", e a salvação entrará em nossa casa.

Reconhecer os próprios erros e pedir perdão é, antes de tudo, um ato de coragem. O grande perigo é estarmos do "outro lado". E hoje, infelizmente, parece que somos estimulados a isso, ou seja, permanecemos atirando pedras assim como os fariseus, que queriam condenar a mulher adúltera e não hesitaram em comentar: "Jesus, na casa de Zaqueu?" (cf. Lc 19,7). Não entendemos o amor, o sacrifício e o que Deus é capaz de fazer na vida de uma pessoa.

Quando Jesus se aproxima, Ele transforma. E não existe trauma que Ele não possa curar, assim como não existe uma única situação em que se possa dizer "Eu não sou digno do perdão de Deus", "Eu não sou merecedor da graça de Deus". Obviamente, não somos, mas Ele nos ama. E quem ama tudo faz para a felicidade do outro. Nada se opõe quando se está no amor de Deus. Nada, nem a depressão mais profunda, o trauma mais intenso, a mágoa mais angustiante...

Faço questão de citar Filipenses 4,13, que foi a minha frase da ordenação sacerdotal: "Tudo posso Naquele que me fortalece." E também quero lembrar São Francisco de Assis, um homem que começou uma obra de renovação muito impactante no seu tempo. Ele sofreu não apenas com os conflitos familiares, mas também dentro da Igreja. Também teve problemas dentro da congregação, da ordem que ele mesmo fundou. Na Oração de São Francisco pedimos: "Senhor, fazei que eu procure mais consolar que ser consolado, compreender que ser compreendido, amar que ser amado." Também recorro a uma frase que nos dá uma reveladora palavra de sabedoria: "Comece fazendo o que é necessário; depois, o que é possível. E, de repente, você estará fazendo o impossível." É uma lição que cabe perfeitamente para todos os tipos de problemas.

Neste momento, alguém que está com um problema sério de depressão, deitado na cama, prostrado, sem vontade de viver, pode questionar: "Mas como reagir?"

Comece dando alguns passos: tome um banho, alimente-se, limpe a casa. Ou seja, faça o necessário. Depois, cuide do que é possível. E, de repente, estará pronto para seguir adiante e retomar a busca de seus maiores sonhos.

Uma outra situação inspiradora:

> "Jesus levantou-se e seguiu com os discípulos. Nesse momento chegou uma mulher que havia doze anos sofria de hemorragia, e foi por detrás e tocou na orla do manto de Jesus, porque pensava: 'Ainda que eu apenas toque no Seu manto, ficarei curada.' Jesus virou-se e, ao vê-la, disse: 'Coragem, filha, a tua fé te curou.' E daquele momento em diante a mulher ficou curada" (Mt 9,19-22).

Perceba a importância da coragem da mulher em reconhecer que precisava de ajuda e acreditar que seria curada. Ela nem sequer pediu o olhar de Jesus, apenas tocou na orla de Seu manto e disse a si mesma que na força de Jesus iria superar a hemorragia de doze anos. Isso é a fé.

Todos temos dentro de nós muitas enfermidades, sejam orgânicas ou emocionais, como as mágoas, por exemplo, e há quem prefira fazer delas um motivo de vitimização, que nada mais é do que uma forma de se esconder e disfarçar seu orgulho.

Escolhi justamente o exemplo da mulher com hemorragia, porque indica alguém que está *sangrando*. O que isso sugere? Aquilo que sangra são "feridas abertas", grandes frustrações pessoais que todos nós temos e são resultado da nossa história.

Uma pessoa que já foi casada e hoje está separada, que compartilhou seus planos e sonhos com um parceiro e, de repente, se vê sozinha, sem ninguém, vive com uma "ferida aberta". Se o motivo da separação foi uma traição, certamente a ferida é ainda maior. Isso caracteriza uma hemorragia, ainda que no plano emocional, e deve ser estancada.

Aproveito para refletir ainda um pouco mais sobre o texto de São Mateus do ponto de vista simbólico e pergunto: Qual é a sua hemorragia a ser estancada? Qual a ferida que você tem e precisa dizer "Senhor, toca, e eu serei curado"?

Conte para Jesus... Se você tocar na orla, no manto, como fez a tal mulher, Jesus olhará para você e dirá: "Coragem, tua fé te curou."

Jesus é o amor que cura as nossas hemorragias, as feridas que nós carregamos. O grande problema é que muitos continuarão sangrando e morrerão com isso.

Sendo assim, cabe ponderar: será que nós não estamos com feridas tão abertas que sangram e consomem nossa energia de vida? Isso faz sentido, considerando que aquele que sangra demais desfalece, fica sem vida. Será que nossas feridas de doze, quinze, trinta anos não estão tirando nossas forças e nos transformando em pessoas sem vontade de lutar?

Outro texto:

> "Ao sair de Jericó com Seus discípulos e grande multidão, estava sentado à beira do caminho, mendigando, o cego Bartimeu, filho de Timeu. Quando percebeu que era Jesus, o Nazareno, que passava, começou a gritar: 'Filho de Davi, Jesus, tem compaixão de mim!' E muitos o repreendiam para que se calasse.

> Ele, porém, gritava mais ainda: 'Filho de Davi, tem compaixão de mim!' Detendo-se, Jesus disse: 'Chamai-o!' Chamaram o cego, dizendo-lhe: 'Coragem! Ele te chama. Levanta-te.' Deixando a sua capa, levantou-se e foi até Jesus. Então, Ele lhe disse: 'Que queres que Eu te faça?' O cego respondeu: 'Rabbúni! [expressão em aramaico que significa "meu Mestre"] Que eu possa ver novamente!' Jesus lhe disse: 'Vai, a tua fé te salvou.' No mesmo instante ele recuperou a vista e seguia-O no caminho" (Mc 10,46-52).

Aprecio muito esse texto sobre o cego Bartimeu, porque me vejo nele. Aliás, acho que todos nós somos chamados a ser o Bartimeu nesse amor de Jesus que cura. O cego vivia como mendigo, e sempre enfatizo que o problema não é a esmola em si, e sim depender do favor do outro; portanto, pedir esmola significa não ter dignidade, contar com as migalhas alheias, não ter liberdade, viver das sobras.

Bartimeu vivia das sobras dos outros, prisioneiro de sua condição aviltante, mas, ao perceber que Jesus passava, encontrou forças para gritar e pedir ajuda. Havia uma série de impossibilidades, como o fato de ele não enxergar e as outras pessoas o repreenderem mandando que calasse a boca. Mas não desistiu e gritou ainda mais forte.

Reflitamos mais a fundo sobre a imagem de Bartimeu: um cego à beira do caminho. O que é a cegueira? Aquilo que nos impede de enxergar, seja o mundo material à nossa volta, sejam as revelações de Jesus. Portanto, será que nós não vivemos em estado de cegueira crônica? Será que não estamos tateando, buscando, fazendo escolhas no escuro, sem saber que rumo tomar?

A segunda referência diz respeito ao fato de Bartimeu estar à beira do caminho. Qual caminho? O que queremos para a nossa vida?

Nessas condições precárias, é muito provável que sejamos acometidos de toda sorte de infortúnios, como levar uma rasteira de alguém, enfrentar uma desavença familiar, perder um emprego. Então, o que fazemos? Desistimos, entregamos os pontos, paramos de prestar atenção aos sinais? Bartimeu teria todos os motivos para fazer o mesmo, mas preferiu reagir.

Há momentos em que nos vemos como um cego à beira do caminho, à margem da vida, excluídos, sem perspectivas. Os porquês são muitos, e alguns deles já foram analisados aqui, mas o resultado é sempre o mesmo: ficamos perdidos, esvaziados de nós mesmos, descrentes de tudo e de todos. E se nessa hora escutamos falar de Jesus e sentimos Sua presença, ainda que seja por intermédio da palavra de outros, por que não dar vazão à nossa "condição de Bartimeu" e também gritar: "Jesus, tende piedade de mim!"

Provavelmente, encontraremos obstáculos, como aqueles que estavam perto de Jesus, os apóstolos — não devemos ficar escandalizados, porque eram humanos e falíveis, por isso mandaram o cego calar a boca. Porém, ele não se intimidou e bradou mais forte. O gritar, no caso, significa fazer valer a sua vontade: "Não! Eu confio nesse Jesus." Isso não quer dizer que Ele não escuta, mas é uma forma de demonstrarmos ter certeza do que queremos.

Assim, às vezes nós precisamos gritar mais forte para Deus: "Senhor, olha para mim!" Não é porque Deus está embaixo da árvore, dormindo, mas para que nos preparemos para receber a Sua graça. Para que Ele consiga trabalhar em nós. No momento certo, o grito é uma forma de deixar-se trabalhar por Deus, dando início ao processo de cura interior.

O amor de Jesus cura. Isso é definitivo. Mas será que nós temos sido persistentes o suficiente? Volto a lembrar a hemorragia, a cegueira e tudo o mais que turva nossos olhos e endurece nosso coração já tão contaminado pela sujeira existente no mundo. Por isso, Cristo exalta o "coração puro, uma das bem-aventuranças".

Diante de um abismo, o que deve vir primeiro, a coragem de atravessá-lo ou a segurança de avistar a ponte? Precisamos ter a coragem de dar o primeiro passo, porque no momento oportuno a ponte aparecerá, eis o segredo da fé. A comprovação está na história de Bartimeu. Perceba que quando Jesus pede para chamar o cego, imediatamente o discurso daqueles que eram contra ele muda e passam a incentivá-lo: "Coragem, o Senhor te chama."

O cego, então, largou o manto que durante o dia o protegia do sol e, à noite, do frio do deserto. Era uma questão de sobrevivência, pois se tratava da única coisa que possuía e, ainda assim, deixou-a de lado para dar seguimento a uma realização muito maior. Isso quer dizer que, para nos aproximarmos de Jesus, temos de deixar algo para trás. O cego desapegou-se de seu maior bem e pôs-se na frente de Jesus.

E nós, o que devemos largar para sermos curados? Do que temos de abrir mão? Qual é o nosso manto, que nos dá segurança momentânea, mas nos mantém presos à beira do caminho, como mendigos e cegos?

Ouça o que Jesus diz: "Larga, põe para fora!"

Dói desprender-se, sim, mas isso não pode ser justificativa para continuarmos sofrendo — afinal, dor pela dor, mais vale aquela que nos levará à cura. Parece tão mesquinho, mas a verdade é que o apego às vezes é tão grande que preferimos ficar embaixo da mais suja das cobertas a nos colocarmos na frente de Jesus e deixarmos que Ele nos liberte.

A decisão depende tanto de nós que Jesus ainda pergunta diretamente ao cego o que deseja que faça por ele. Trata-se de um questionamento profundo que Deus faz a todos nós: "O que você quer que Eu faça na sua vida?"

Aqui está o começo da cura. Quando vamos ao médico, primeiro ele precisa chegar ao diagnóstico para depois receitar o remédio. No caso do nosso encontro com Jesus, ao termos a coragem de dizer o que queremos que Ele faça em nossa vida — "Que eu supere essa depressão", "Que eu tenha forças para lutar contra essa raiva", "Eu não quero mais brigar", "Necessito amansar meu coração e abrandar minha alma", "Senhor, eu quero perdoar" —, estamos apresentando a Deus o nosso diagnóstico, e Ele nos cura.

Santo Agostinho ensinou que ter coragem não é ausência de medo, e sim conseguir agir apesar de todas as incertezas. Diz ele: "A verdadeira força consiste em ter coragem de agir quando se tem fortes medos, dúvidas e desejos alternativos."

Há uma história que não consta na Bíblia, mas é bastante conhecida e conta sobre a fuga de Pedro de Roma, motivada pela grande perseguição sofrida pelos cristãos. Ao sair da cidade, encontrou-se com Cristo em forma de uma criança, e esta lhe perguntou: "*Quo vadis, Domine?*", cuja tradução é "Aonde vais, senhor?".

Arrependido, Pedro voltou para Roma e se entregou às autoridades, que o crucificaram de cabeça para baixo, porque não se considerou digno de receber o mesmo destino de Cristo.

Então, a pergunta que fica é: para onde vamos? Vamos fugir? Fugir do quê? Se somente em Jesus encontraremos alento, até quando vamos fugir?

Mesmo que seja com sofrimento, não desista. Apenas tenha fé. "Eu vos garanto, se tiverdes fé do tamanho de um grão de mostarda, podeis dizer a essa montanha 'vai daqui para acolá' e nada vos será impossível" (Mt 17,20).

Existe um trecho da Segunda Carta de São Paulo aos Coríntios que vale a pena ser ressaltado:

> "São ministros de Cristo? Como insensato, digo: muito mais eu. Muito mais, pelas fadigas; muito mais, pelas prisões; infinitamente mais, pelos açoites. Muitas vezes vi-me em perigo de morte. Dos judeus recebi cinco vezes os quarenta golpes, menos um. Três vezes fui flagelado. Uma vez apedrejado. Três vezes naufraguei. Passei um dia e uma noite em alto-mar. Fiz numerosas viagens. Sofri perigos nos rios, perigos por parte dos ladrões, perigos por parte dos meus irmãos de estirpe, perigos por parte dos gentios, perigos na cidade, perigos no deserto, perigos no mar, perigos por parte dos falsos irmãos! Mais ainda: fadigas e duros trabalhos, numerosas vigílias, fome e sede, múltiplos jejuns, frio e nudez! E isso sem contar o mais: a minha preocupação cotidiana, a solicitude que tenho por todas as Igrejas! Quem fraqueja sem que eu também me sinta fraco? Quem cai sem que eu também fique febril? Se é preciso gloriar-se, de minha fraqueza é que me gloriarei" (2Cor 11,23-30).

E eu pergunto: apesar de tudo isso, Paulo temeu ou desistiu? Em algum momento Ele recuou diante da antipatia, das críticas, do sofrimento? Ele disse: "Sou louco, sim, sou muito mais do que louco por causa de Jesus" (cf. 1Cor 4,10). A loucura de Paulo, como ele diz, está na Cruz do Redentor. Jesus é o amor que cura. Então, eu volto a dizer: não desista. Apenas creia. Confie. Lance-se sem medo.

Finalizo com um testemunho de um filho de Ivaiporã (PR), que escreveu agradecendo a Deus pela cura de sua esposa de uma profunda depressão. Ele contou que ela só queria dormir, não conseguia mais trabalhar, comer, preparar uma refeição, arrumar a casa, e não tinham mais vida sexual. Passou muitos dias assim; ele sempre procurando ter paciência para ajudá-la a se levantar e, ao mesmo tempo, aprendendo com seu sofrimento. Ficou surpreso como as tarefas mais simples da vida podem tornar-se impossíveis de serem feitas e se deu conta de que é nas pequenas coisas do cotidiano que está a grande riqueza familiar.

Foi por meio da Sagrada Escritura, das novenas e de orações, bem como pela bênção da água através das ondas sonoras da Rádio Esperança de Ivaiporã que Deus agiu e a libertou. Hoje, eles atuam em sua paróquia e divulgam esse testemunho, para que todos saibam que depressão tem cura, basta esforçar-se, confiar e esperar.

Santa Teresa de Ávila ensinou: "Uma prova de que Deus esteja conosco não é o fato de que não venhamos a cair, mas que nos levantemos depois de cada queda." Devemos, pois, gravar essa diretriz em nosso coração e avaliar se realmente temos levantado após cada queda. Santo Alexandre do Egito disse: "Quem cai e se levanta será salvo. Mas quem cai e fica deitado perece."

Sacrifício, uma palavra que deixa de ser assustadora quando nos damos conta do quanto é necessária. É preciso ter confiança no Senhor e coragem de sacrificar muitas coisas em nossa vida para progredirmos como seres humanos.

Volto a lembrar o que tão bem constatou Santo Arnaldo: "Coragem! Jesus, nosso modelo de vida, nunca esteve tão próximo da vitória do que quando parecia ter fracassado."

A cura promovida por Deus, aquela que eu prego e na qual acredito, acontece no cotidiano, sendo trabalhada dia a dia até que nos libertamos, porque Jesus é realmente o amor que cura.

Salmo 5

2. Senhor, dá ouvido às minhas palavras, considera o meu gemido.
3. Ouve atento meu grito por socorro, meu Rei e meu Deus! É a Ti que eu suplico.
4. Senhor! De manhã ouves minha voz; de manhã eu Te apresento minha causa e fico esperando...
5. Tu não és um Deus que goste da impiedade, o mau não é Teu hóspede;
6. não, os arrogantes não se mantêm na Tua presença. Odeias todos os malfeitores.
7. Destróis os mentirosos, o homem sanguinário e fraudulento o Senhor o rejeita.
8. Quanto a mim, por Teu grande amor entro em Tua casa; eu me prostro em Teu sagrado templo, cheio de temor.
9. Guia-me com Tua justiça, Senhor, por causa dos que me espreitam. Endireita à minha frente o Teu caminho!
10. Pois não há sinceridade em sua boca, seu íntimo é cheio de maquinações; sua garganta é um sepulcro aberto, e sua língua é fluente.

11. Declara-os culpados, ó Deus, que seus planos fracassem! Expulsa-os por seus crimes numerosos, porque se revoltam contra Ti.
12. Todos os que se abrigam em Ti se alegrem e se rejubilem para sempre; Tu os proteges e exultam em Ti os que amam o Teu nome.
13. Sim, Senhor, Tu abençoas o justo, Teu favor o cobre como escudo.

Glória ao Pai, ao Filho e ao Espírito Santo, como era no princípio, agora e sempre. Amém.

CONCLUSÃO

Caro leitor, ao concluir este livro tenho a sensação de que deveria voltar a reescrevê-lo mudando, acrescentando, exemplificando mais. Creio que isso se dá por várias razões: a complexidade dos temas propostos; a autocrítica, que deve ser natural de todo autor; e também o dinamismo dos problemas e questionamentos, posto que a cada dia as pessoas partilham comigo novas histórias e diferentes desfechos.

Creio que em algum momento da leitura deste livro você se sentiu tocado, inquieto ou desafiado. Nesse caso, acredito sinceramente que, de alguma forma, Deus tenha usado a minha pessoa para falar com você. E, sendo assim, peço: por favor, retorne àquela parte, releia mais uma vez. Reze de novo o salmo que sugeri ao final de cada capítulo e jamais desista de buscar a cura daquela ferida que foi revelada e ainda existe.

Busquei em todas as partes e capítulos do livro enfatizar e afirmar a existência da cura. Uma cura real e verdadeira, que é psicoespiritual. De forma explícita e implícita, tentei estimular cada um de nós a buscar em Deus e nos remédios que Ele nos deu a cura das feridas da alma. Portanto, vejo em tudo um grande apelo para reacender, retomar e redescobrir a fé.

Que a fé "move montanhas" (cf. Mc 11,23) todos sabem, mas muitas vezes esquecemos que ela é um dom a ser pedido. Embora certa razão científica e certo pensamento filosófico não entendam e, portanto, não reconheçam, a fé não deixa de ser uma revolução antropológica natural de todo ser humano.

Lembro aqui uma parte do livro do escritor francês Saint-Exupéry, intitulado *O Pequeno Príncipe*, muito conhecido e citado, mas pouco refletido, em que a sabedoria diz à raposa: "O essencial é invisível aos olhos." Penso nesse texto e imediatamente lembro-me de Nosso Senhor Jesus Cristo, que de tantas formas testemunhou a necessidade de o ser humano buscar ser feliz e realizado na lógica de Deus, do amor e da fé, que muitas vezes é paradoxal em relação à lógica humana.

No entendimento de Deus, o que hoje chamam de "inteligência emocional" é simplesmente o "coração humano", cujas feridas são curadas principalmente por meio do perdão e pelo amor puro e incondicional do próprio Deus. Essa instância de sentimento, o coração humano, mesmo que de forma imperfeita, capta a realidade ignorada pelos sentidos e pela razão, sendo regenerado no verdadeiro amor curativo e redentor de Jesus Cristo.

E na lógica curativa da fé em Deus podemos concluir que para subir é preciso descer; para crescer é preciso diminuir; para ganhar é preciso perder; para viver é preciso morrer; onde se espera castigo, existe perdão; onde há ferida, Deus cura.

Sim: Deus, da Sua forma, sempre cura.

Evangelizar é preciso!

REFERÊNCIAS BIBLIOGRÁFICAS

Aquino, Tomás de. *Suma teológica*. São Paulo: Loyola, 2001-2006.

Bíblia de Jerusalém. São Paulo: Paulus, 2002.

Bíblia Sagrada Ave-Maria. São Paulo: Ave-Maria, 2009.

Catecismo da Igreja Católica: Edição Típica Vaticana. São Paulo: Loyola, 1999.

Classificação de transtornos mentais e de comportamento da CID-10: descrições clínicas e diretrizes diagnósticas. Coord. Organização Mundial da Saúde. Disponível em: <http://bit.ly/fMrvzV>.

Compêndio da Doutrina Social da Igreja. Disponível em: <http://bit.ly/aDmzM4>.

Freud, Sigmund. (1917 [1915].) "Luto e melancolia". In: *Obras completas*. V. 14. Rio de Janeiro: Imago, 1969.

Jorge, Miguel R. *Manual diagnóstico e estatístico de transtornos mentais*. 4ª ed. Porto Alegre: Artmed, 2002.

Kaplan, H.; Sadock, B.J.; Sadock, V.A. *Compêndio de psiquiatria: ciências do comportamento e psiquiatria clínica*. 9ª ed. Porto Alegre: Artmed, 2007.

Lacan, Jacques. (1973a.) "Televisão". In: *Outros escritos*. Rio de Janeiro: Jorge Zahar, 2003, p. 508-43.

Martins, Maria das Graças Teles. "Bullying, uma preocupação no contexto escolar". Disponível em: <http://bit.ly/NxVNuz>.

Sadock, B.J.; Sadock, V.A. *Manual de psiquiatria clínica: Kaplan & Sadock*. 5ª ed. Porto Alegre: Artmed, 2012.

Editor Responsável
Guilherme Vieira

Produção
Adriana Torres
Ana Carla Sousa

Produção Editorial
Gabriel Machado

Edição de texto
Marco Polo Henriques

Revisão teológica
Fr. Clodovis M. Boff

Revisão
Jorge Luiz Luz de Carvalho

Projeto gráfico
Celina Faria

Diagramação
Filigrana

Este livro foi impresso em maio de 2013,
pela Edigráfica, para a Agir.
A fonte usada no miolo é Iowan OldSt Bt, corpo 11/14.
O papel do miolo é offset 63g/m²,
e o da capa é cartão 250g/m².